사진 보면서 따라하는
왕초보 퀼트하기

개정증보판

사진 보면서 따라하는
왕초보 퀼트하기

초판 1쇄 발행 2008년 11월 15일
개정증보판 1쇄 발행 2020년 5월 25일

지은이 ♥ 류현숙
펴낸곳 ♥ 퀼트사랑
편집 및 인쇄감리 ♥ 한길D&P (02-2274-3833)
장소 ♥ 헤펠레 DIY 목공방 이천점

출판등록 ♥ 2007.6.25 제 2007-4호
편집실 ♥ 경기도 이천시 증포동 신세기타운 A동 퀼트사랑
전화 ♥ 0505-505-3010
팩스 ♥ 0505-505-3011
메일 ♥ quiltbook@daum.net
홈페이지 ♥ www.quiltsarang.co.kr

ISBN 978-89-960042-5-7
값 19,000원

저작권 ⓒ 2020 류현숙
이책은 저직권법에 의해 보호 받는 저작물이므로 이 책의 어느 부분도
저작권자나 출판사의 서면 동의 없이 일부를 인용하거나 발췌하는 것을 금합니다.

Prologue

퀼트를 시작하려는 모든 분들에게

처음으로 나인 패치 핀 쿠션 하나 완성하고 너무나 뿌듯해하며
자랑했던 그 시절을 떠올려보니 입가에 미소가 번집니다.

한 땀 한 땀 천천히 완성하면서 느끼는 한없는 행복감.
이것이 지금까지 퀼트를 손에서 놓지 못하게 했던 힘이었고
앞으로도 계속 퀼트와 함께 해야 할 이유인 동시에
많은 분들에게 퀼트를 알려야 하는 의무감을 갖게 합니다.

퀼트를 하는 데 있어 정답은 없습니다.
여기에 실린 방법만이 정답이라고는 할 수 없지만
지금까지 퀼트를 해오면서 그리고 많은 분들을 가르치면서
터득한 노하우를 쉽게 알려드리기 위해 이 책을 집필하게 되었습니다.

욕심부리지 않고 작은 것부터 하나씩 완성해 가다 보면
끝이 보이지 않는 행복한 퀼트의 세계에 푹 빠질 겁니다.

개정증보판은

같은 작품이라도 응용할 수 있는 방법에 역점을 두었습니다.

기존에 만들어 뒀던 작품일지라도 변화를 주고 싶으면
또 다른 작품으로 재 탄생 시킬 수도 있고
기존 틀에서 약간 바꾸어 작업하면 무궁무진한 작품을 만들 수도 있습니다.

넓디넓은 퀼트 세계로의 첫걸음!
이 책이 이정표가 되리라고 확신합니다.

2020년 5월 지은이 류현숙

Contents

CHAPTER 1
Quilt Is...

퀼트는 10
퀼트에 쓰이는 기본 용어 정리 10
퀼트의 종류 11

CHAPTER 2
Materials

필요한 도구들 14
필요한 재료들 16

CHAPTER 3
Basic Lessons

Lesson 01. 실물본 만들기 22
Lesson 02. 재단하기 23
Lesson 03. 기본적인 바느질 방법 26
Lesson 04. 시작매듭 짓기와 숨기기 29
Lesson 05. 끝매듭 짓기와 숨기기 29
Lesson 06. 조각잇는 방법 30
Lesson 07. 바람개비 시접 30
Lesson 08. 아플리케하기 32
Lesson 09. 창구멍 남겨두고 꿰매기 36
Lesson 10. 가윗집 주는 방법 36
Lesson 11. 뒤집는 방법 36
Lesson 12. 모양 잡는 방법 37
Lesson 13. 창구멍 막기 37
Lesson 14. 퀼팅선 그리기 38
Lesson 15. 시침하기 38
Lesson 16. 골무 익히기 40
Lesson 17. 퀼팅하기 41
Lesson 18. 지퍼 달기 42
Lesson 19. 밑폭 꿰매기 44
Lesson 20. 싸개단추 만들기 44
Lesson 21. 핸들 달기 45
Lesson 22. 프레임 달기 46
Lesson 23. 바인딩으로 마무리하기 48

CHAPTER 4
Let's Make

01. 재단보드 겸용 미니 다리미판 52
02. 요요 나무집게 56
03. 포패치 컵받침 58
04. 나인패치 핀쿠션 60
05. 줄줄이 하트장식 62
06. 큐티 캣, 큐티 래빗 64
07. 바네 지갑 68
08. 바네 미니백 74
    심플 조리개 주머니 81
09. 드레스덴 플레이트 주머니 82
    냥이커플 주머니 86
10. 리넨 심플백 88
11. 단아한 자동핀 94
12. 조가비 프레임 동전지갑 96
13. 도장지갑 98
14. 사랑스런 곰,토끼,강아지 인형 100
15. 플라스틱 화분커버 108
    미니 가방, 미니 바구니 108
16,17.헤링본스티치 카드지갑&통장지갑 ...114
18. 명함 보관지갑 118
19. 고양이 지갑 124
20. 보넷걸 프레임 파우치 128
21. 보넷천사 프레임 파우치 132
22. Flying Geese 휠백 136
    Flying Geese 조리개 가방 144
23. 귀요미 크로스백 146

Photo Index

01.재단보드 겸용 미니 다리미판 ⇒ 52p

02.요요 나무집게 ⇒ 56p

02.응용 : 지퍼 끝 정리 ⇒ 56p

03.포패치 컵받침 ⇒ 58p

04.나인패치 핀쿠션 ⇒ 60p

05.줄줄이 하트장식 ⇒ 62p

06.큐티 캣 ⇒ 64p

06.응용 : 큐티 래빗 ⇒ 64p

07.바네 지갑 ⇒ 68p

08.바네 미니백 ⇒ 74p

08.응용 : 심플 조리개 주머니 ⇒ 81p

09.드레스덴 플레이트 주머니 ⇒ 82p

09. 응용 : 냥이커플 주머니 ⇒ 86p

10. 리넨 심플백 ⇒ 88p

11. 단아한 자동핀 ⇒ 94p

12. 조가비 프레임 동전지갑 ⇒ 96p

12. 응용 : 하트 프레임 동전지갑 ⇒ 96p

13. 도장지갑 ⇒ 98p

13. 응용 : 동전지갑 ⇒ 98p

14. 사랑스런 곰 인형 ⇒ 100p

14. 응용 : 사랑스런 토끼 인형 ⇒ 100p

14. 응용 : 사랑스런 강아지 인형 ⇒ 100p

15. 플라스틱 화분커버 ⇒ 108p

15. 응용 : 미니 가방 ⇒ 108p

15.응용 : 미니 바구니 ⇒ 108p

16~17.헤링본스티치 카드지갑 & 통장지갑 ⇒ 114p

18.하트 명함지갑 ⇒ 118p

18.응용 : 심플 명함지갑 ⇒ 118p

19.고양이 지갑 ⇒ 124p

20.보넷걸 프레임 파우치 ⇒ 128p

20.응용 : 보넷걸 지퍼 파우치 ⇒ 128p

21.보넷천사 프레임 파우치 ⇒ 132p

21.응용 : 보넷천사 지퍼 파우치 ⇒ 132p

22.Flying Geese 휙백 ⇒ 136p

22.Flying Geese 조리개 가방 ⇒ 144p

23.귀요미 크로스백 ⇒ 146p

Chapter 1

Quilt Is . . .

킬트에 대해 알아보아요

퀼트는...

각각 다른 무늬와 색상의 조각천들을 이어 퀼팅솜, 안감과 함께 누벼서 완성된 것을 의미한다.
실과 바늘 그리고 작은 조각천들이 서로 어우러져 생활 곳곳에 사용할 수 있는 실용적인 작품을 만들어 내는 것이다.

퀼트에 쓰이는 기본 용어 정리

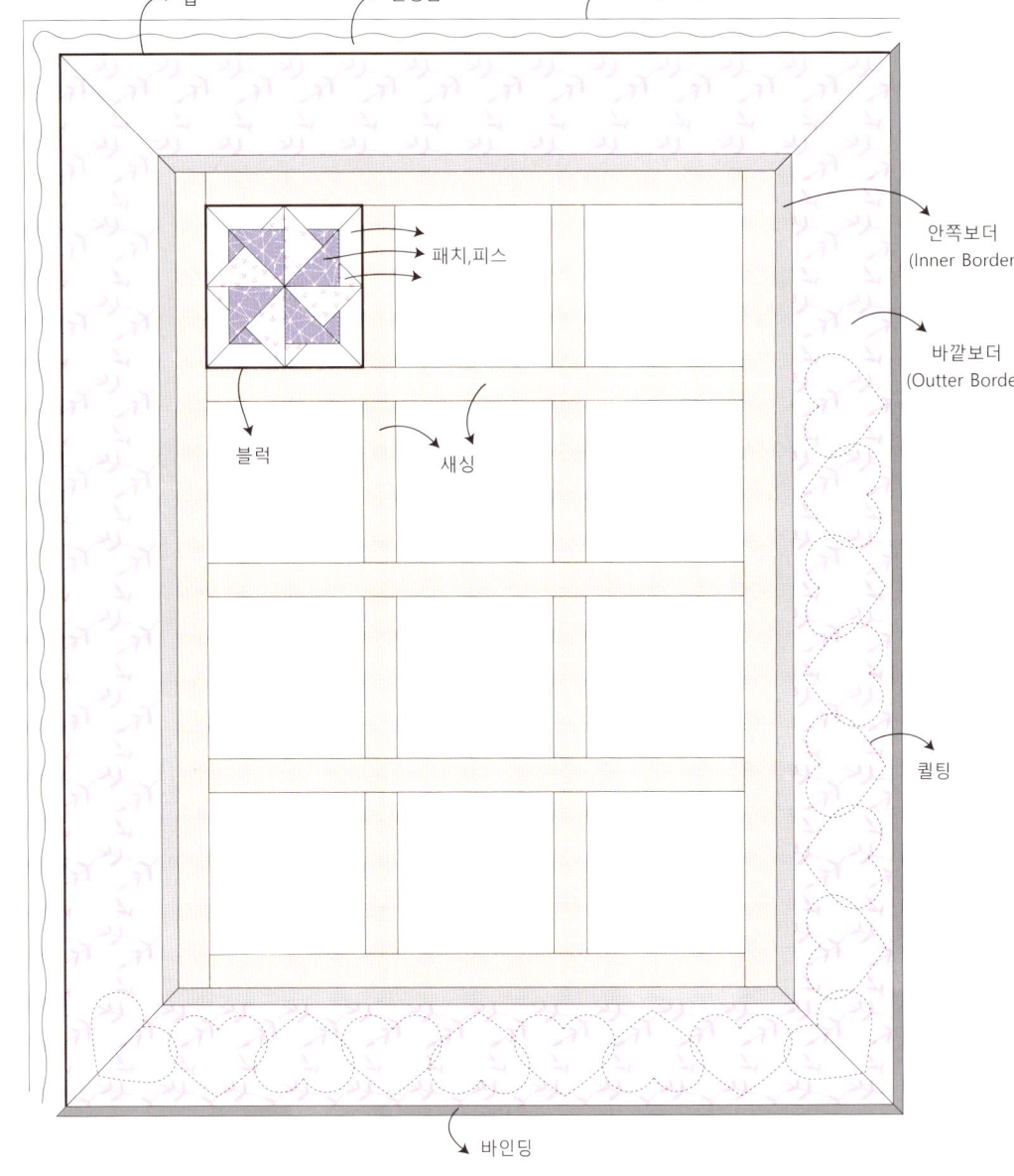

템플릿 (Template)
두꺼운 종이나 프라스틱으로 만든
실물본(패치용, 아플리케용, 퀼팅용)

패치 (Patch) 또는 피스 (Piece)
템플릿(Template)를 이용해
재단해 놓은 천 조각

패치워크 (Patchwork) 또는 피싱 (Piecing)
재단해 놓은 패치를 연결하는 작업
즉 조각잇기

아플리케 (Applique)
바탕 위에 천을 덧대어
모양을 만드는 작업

블럭 (Block)
패치워크나 아플리케를 해서
완성된 각각의 문양

새싱 (Sashing)
블럭과 블럭 사이에 연결되는 부분

보더 (Border)
가장 자리에 넓게 연결 되는 부분

퀼트 탑 (Quilt Top)
모든 연결이 완성된 결과물로
퀼팅솜을 대기 전의 겉면

퀼팅 (Quilting)
퀼트 탑과 안감의 사이에 퀼팅솜이
있는 상태로 누비는 작업

코드 파이핑 (Cord Piping)
코드를 바이어스천으로 싸서 가장자리를 처리 하는 방법으로
보통 파이핑이라고 하며 가방이나 쿠션을 만들 때 많이 사용된다.

바인딩 (Binding)
퀼팅이 끝난 가장 자리를 처리하는 방법으로 국내에서는 보통 바이어스라고 지칭되나 바이어스는 사선으로 자른 천을 의미하는 것으로 엄밀히 따지면 다르다.
바인딩에는 주로 사선방향의 천을 사용하지만 푸서방향을 사용하는 경우도 있고 뒷감으로 감싸 정리하는 경우도 있으므로 바이어스란 표현보다는
바인딩이라고 해야 올바른 표현이다.
- 필자의 책 "행복을 부르는 퀼트"에서도 관행적으로 사용하던 바이어스란 표현을 썼으나 이 기회를 빌어 바로 잡고자 한다.

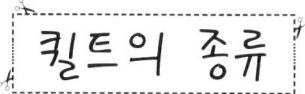
퀼트의 종류

퀼트 탑을 만드는 방법에 따른 퀼트의 종류로 이외에도 여러가지가 있다.
이 책은 패치워크 퀼트와 아플리케 퀼트로 이루어져 있다.

패치워크 퀼트(Patchwork Quilt) 또는 피스드 퀼트(Pieced Quilt)
조각 조각 연결하여 탑을 만드는 기법으로 가장 일반적인 퀼트의 형태이다.

아플리케 퀼트(Applique Quilt)
천을 덧대어 모양을 내는 기법으로 동화적인 표현이 가능한 일반적인 퀼트의 형태이다.

샘플러 퀼트(Sampler Quilt)
여러가지 패턴으로 블럭들을 만들어 연결한다. 퀼트에 쓰이는 패턴들은 무수히 많으며
같은 패턴이라도 구전되어 오는 과정에서 여러가지 이름으로 불리우는 것도 있다.

화이트 퀼트(White Quilt)
옅은 색 천에 무늬를 그려놓고 무늬 부분을 제외한 나머지를 격자나 줄무늬로 빼곡히 퀼팅(백그라운드 퀼팅)한다.
퀼팅 후 뒷면에 작은 구멍을 내어 면에는 솜을 채우고 줄기에는 털실등의 끈을 넣어 무늬를 도드라져 보이게 한다.

하와이언 퀼트(Hawaiian Quilt)
1/8쪽의 패턴을 반복시켜 재단한 천을 아플리케하여 탑을 만드는 퀼트로 색상 표현이 화려한 것이 특징이다.
퀼팅은 주로 아플리케 주위를 일정한 간격으로 퀼팅해 나오는 백그라운드 퀼팅을 한다.

아미쉬 퀼트(Amish Quilt)
아미쉬 지방에서 유래한 퀼트로 주로 무지천을 이용하여 패치워크한 후 정성스런 퀼팅으로 화려함을 표현한다.

크레이지 퀼트(Crazy Quilt)
불규칙적인 형태로 연결한 후 비즈,레이스,스티치등으로 장식한다. 빅토리안 스타일에 많이 사용한다.

몰라 퀼트(Mola Quilt)
역 아플리케(Reverse Applique) 기법으로 천을 파내려 가면서 탑을 만드는 것으로 화려한 색채가 특징이며
동물, 새, 물고기등의 패턴을 주로 이용한다.

스테인드글라스 퀼트(Staind Glass Quilt)
주로 염색천과 검정 무지천을 사용하며 천과 천 사이에 정바이어스의 가는 띠를 아플리케하여 스테인드글라스의 느낌을 표현한다.
검정천 아래에 염색천을 배치한 후 검정천을 파내려 가는 역 아플리케 기법으로 표현하기도 한다.

워터칼라 퀼트(Water Color Quilt)
다양한 색상과 무늬의 천을 사용해 수채화 느낌을 표현한다.

바젤로 퀼트(Bargello Quilt)
일정하게 반복되는 색상의 직사각형 패턴을 폭을 달리하여 물결치는 듯 표현하는 기법으로 주로 머신으로 탑을 만든다.

페이퍼 피싱 퀼트(Paper Piecing Quilt)
종이에 그려진 패턴에 천을 대고 꿰매는 기법으로 주로 머신을 이용한다.
탑을 완성한 다음 종이를 떼어 낸다. 아주 작은 조각을 연결할 때 유용하다.

CHAPTER 2

Materials

필요한 도구와 재료를 알아보아요

필요한 도구들

재단용 펜

샤프펜슬(0.5mm나 0.7mm) ★★★
가장 쉽게 구할 수 있는 것으로 천의 안쪽에 재단 할 경우 사용한다.
샤프심은 B를 사용하고 옅은 천에 너무 진하게 그리면 겉에 지저분하게
비춰지므로 옅은 천에는 살짝 그리거나 사용하지 않는 것이 좋다.
지워지지 않으므로 천 겉면에는 절대 사용하지 않는다.

아이롱펜 ★★
짙은색 천에 주로 사용한다. 그린 후 일정 시간이 지나야 나타나는
단점이 있지만 다리미의 열로 지워 주기 전까지는 선명한 선을
유지하는 장점이 있다. 다리미의 끝부분을 이용해 그린 선을 지운다.

쵸크펜슬
연필처럼 깎아 쓰는 쵸크로 짙은색 천에 주로 사용한다. 아이롱펜에 비해 가격이 저렴하고 바로 그려지는 장점이 있지만
끝이 금방 무뎌지고 만지작 거리다 보면 그려 놓은 선이 지워지는 단점이 있다.

수성펜 ★★★
물을 뿌리면 지워지는 펜으로 옅은 색 천에 주로 사용한다. 기본적으로 가는 펜을 사용하지만 그려두고 오랜 시간이 지나면 지워지거나 옅어지므로
대작의 퀼팅라인들은 굵은 펜을 사용하는 것이 좋고 아플리케 할 때는 오차를 줄이기 위해서 가는 펜을 사용하는 것이 좋다.
일부 천에서는 그려놓고 오랜 시간이 지난 후 탈색되는 현상이 있으므로 작업이 완료된 다음 충분히 물을 뿌려 그린 선을 지워야 한다.

시접을 일정하게 그려주는 도구

시접이 일정해야 바느질 하기도 편하고 깔끔하게 완성된다.

시접자 ★★★
직선 부분에 사용 하는 것으로 기본적으로 구입하여야 한다.
작은 소품에는 15cm가 편하고 큰 작품을 할 경우에는 긴 자가 편하다.

시접라이너
곡선에 사용하는 것으로 0.3cm, 0.5cm, 0.7cm, 1cm등 네가지가 있다.

가위

가위는 조심스럽게 다뤄야 오래 사용 할 수 있다. 높은 곳에서 떨어뜨리거나 두꺼운 종이등을 자르거나 하면 날이 상할 수 있다.

재단가위 ★★★
16~25cm정도 되는 가위로 기본적으로 필요하다.

작은가위
가윗집을 주거나 실을 자를 때 사용하며 끝이 잘 드는 것이 좋다.

톱니가위
여러 겹을 함께 잘라도 밀리지 않아 하와이언퀼트에 필요하다

핑킹가위
장식용으로 천을 자를 때 주로 사용하며
인형 만들 때 핑킹가위로 자르면 가윗집을 주는 수고를 덜 수 있다.

실물본을 만들기 위해 필요한 것

마분지나 모눈 마분지 ★★★
딱풀 ★★★ — 실물본 만들기 참조
커터칼 ★★★

시침핀 ★★★

시침핀의 머리 모양도 길이도 여러가지이나 처음에는 구슬 달린 가는 핀이 적당하다.

바늘

바늘은 용도에 따라 굵기와 길이가 다르나 처음에는 퀼팅바늘 하나로도 가능하다.

퀼팅용 ★★★
주로 9호를 사용하며 가늘고 약간 짧은 것이 편리하다.
가늘어서 퀼팅은 쉽게 되지만 잘 휘거나 부러진다.

아플리케용 ★★
주로 12호를 사용하며 퀼팅바늘보다 유연하여 아플리케 땀을 뜨기가 수월하다.
퀼팅에 사용하면 금방 휘거나 부러진다.

패치워크용
주로 9호를 사용하며 퀼팅9호와 굵기는 같으나 길이가 길어서 여러 땀을
한꺼번에 뜰 수 있다. 조각잇기에 사용하면 편리하다.

수실용
여러 겹을 사용해야 하거나 굵은 수실을 사용할 경우 바늘 귀가 커야 한다.
바늘 귀가 큰 일반 바늘을 사용해도 된다.

시침용 ★★
바늘 귀가 약간 크고 길이가 5~6cm 정도 되는 바늘로 큼직하게 땀을 뜰 수 있다.
바늘 귀가 커서 천에 구멍이 생긴 듯 보이나 구멍은 다시 제자리를 찾는다.

인형바늘
단추를 이용해 인형의 팔과 다리를 달 때 쓰이는 바늘로 인형이 크면 바늘도 큰 것이 편하다.

실물크기 / 시침핀 / 퀼팅용 / 아플리케용 / 패치워크용 / 굵은수실용 / 시침용

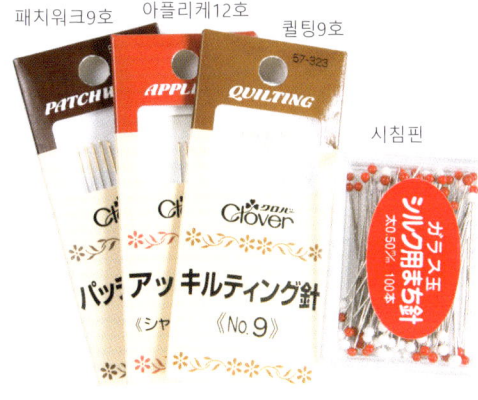

패치워크9호 / 아플리케12호 / 퀼팅9호 / 시침핀

골무

링골무 ★★★
바느질 하는 손 중지의 첫째와 둘째마디 사이에 들어가게 낀다.
(골무익히기 및 퀼팅하기 참조)

고무골무
바느질 하는 손 검지에 끼워 사용하는 것으로 바늘을 잡아 당길 때
미끄러지지 않아 편리하다.

고깔골무
바느질 하는 손 반대편 중지나 검지에 끼워 사용하는 것으로 안감쪽으로 들어온
바늘을 밀어 내보내는 역할을 한다. 수틀을 사용할 때는 꼭 있어야 한다.

고무골무 / 고깔골무 / 링골무

기타 도우미들

고운 사포
사포(철물점에서 구입) 위에 천을 올려 놓고 그리면 밀리지 않아 그리기 편하다. 천 사포 보다는 종이 사포가 곱고
뒷면에 쓰여 있는 번호가 클수록 더 곱다. 시접자를 사용할 경우에는 자가 상하지 않도록 주의하여야 한다.

실따개
잘못된 땀을 제거 할 때 편리하다.

일자 드라이버
각이진 곳의 모양을 잡을 때 사용하면
유용한 도구로 될 수 있으면 작은 크기가 좋다.

겸자와 핀셋
뒤집거나 솜을 채울 때 사용하는 도구로
뒤집기는 겸자가 좀 더 편하고
솜을 채울 때는 핀셋이 더 편하다.

다리미
조각을 이은 후에나 접착심을 다릴 때 사용

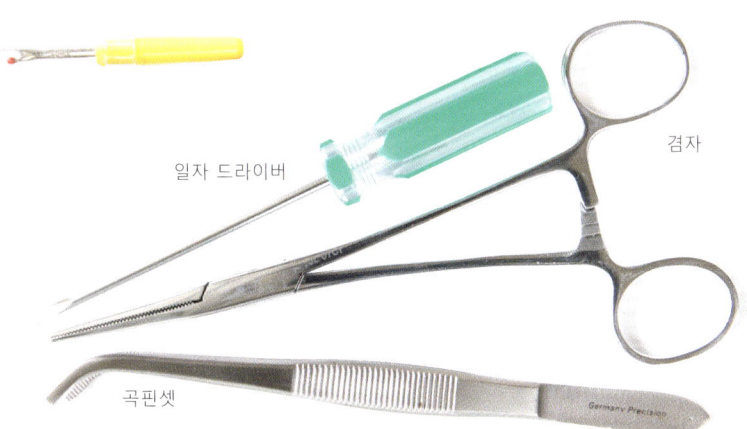

일자 드라이버 / 겸자 / 곡핀셋

필요한 재료들

천에 대한 이해

퀼트에서는 씨실과 날실이 한올씩 교차된 평직의 면직물을 주로 사용하고 기타 린넨을 비롯하여 다양한 천을 사용한다.

프린트
직조된 상태에서 그림을 찍은 것

무지
동일한 색실로 직조한 것으로 무늬가 없는 것

선염체크
실색으로 무늬를 넣어가며 직조한 것

천의 방향

천을 살펴 보면 가로와 세로로 교차된 실가닥을 볼 수 있다. 실물본에 화살표시로 되어 있는 방향이 이 실가닥 방향이다.

퀼트에서는 화살표시를 가로든 세로든 한 곳에 맞춰 재단하면 되지만 옷을 만드는 경우에는 화살표시 방향을 식서방향에 맞춰 재단해야 한다.

퀼트에서도 늘어나지 않아야 할 곳에는 식서방향에 맞추고 반대로 신축성이 좋아야 할 곳(예 : 가장자리 바인딩시)에는 절대 식서방향으로 재단하면 안된다.

가장자리를 정리하는 바인딩에는 정바이어스가 가장 좋다. 곡선을 포함한 바인딩에는 꼭 바이어스 방향을 사용해야 하고 직선을 바인딩 할 때에도 바이어스 방향이 좋으나 푸서방향을 쓰기도 한다.
그러나 식서방향은 바인딩에 사용하지 않도록 한다.

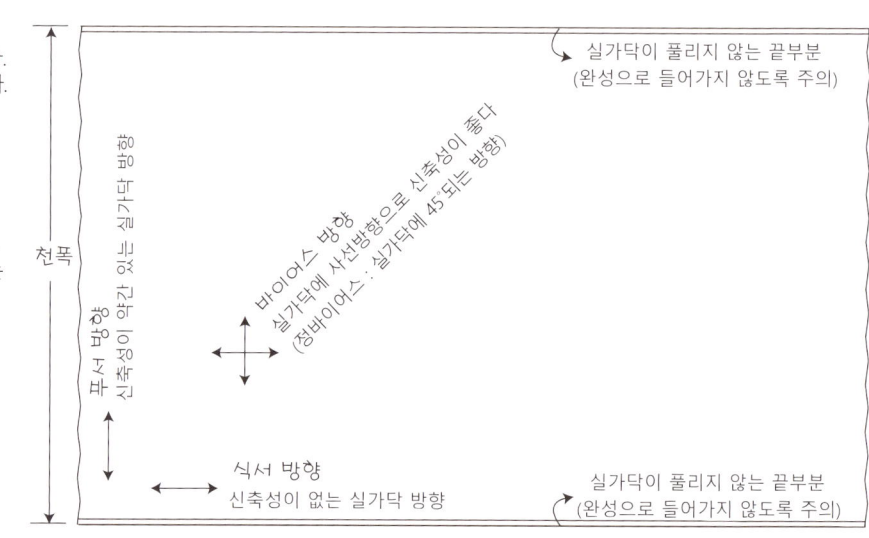

판매 단위

퀼트에서 주로 사용되는 110cm 폭의 경우
1마는 90cm x 110cm
1/2마는 45cm x 110cm
1/4마는 45cm x 55cm
1/8마는 45cm x 27.5cm

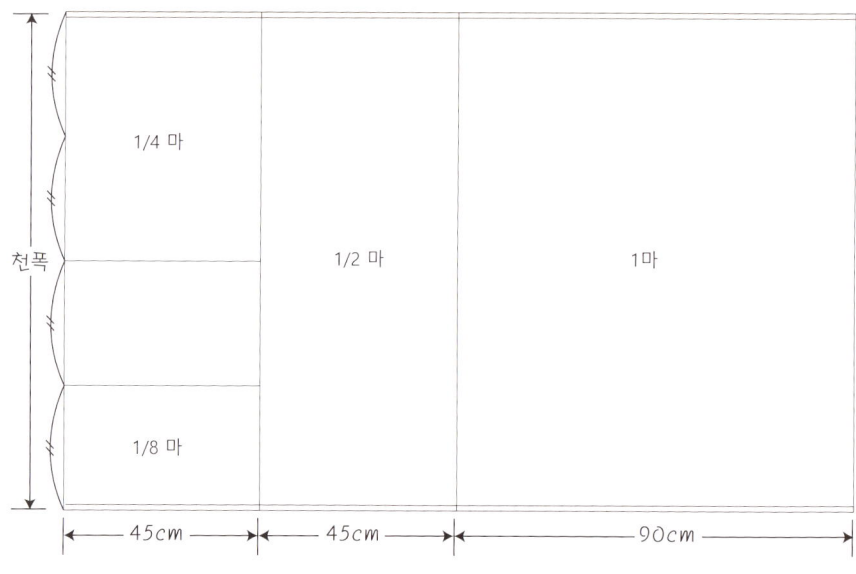

퀄팅솜 ★★★

소재에 따른 퀄팅솜의 종류
- 일반 퀄팅솜
  - 이스마린 : 가장 보편적으로 사용하는 솜으로 한쪽에 얇은 부직포가 대어져 있는 폴리솜
  - 면솜 : 주로 조끼나 아기 이불등에 사용한다.
- 접착 퀄팅솜
  - 단면 접착 : 접착 풀이 한쪽에만 붙어있다
  - 양면 접착 : 접착 풀이 양쪽에 붙어있다

퀄팅솜의 종류가 다양하게 나와 있어 용도와 취향에 따라 폭 넓게 선택할 수 있다.

퀄팅솜의 두께를 주로 온스로 표시하는데 온스는 두께의 단위가 아니라 무게를 나타내는 단위이다.
단위 면적당 무게가 높아지면 두께도 두꺼워지므로 온스가 높을 수록 두께도 두꺼워 진다.

얇게 완성하고 싶으면 2온스를, 일반적인 소품에는 4온스를,
가방이나 두께감을 원할 때는 7온스를 사용한다.

부드러운 느낌을 원하면 일반 퀄팅솜을 사용하고 짱짱함을 원하면 접착 퀄팅솜을 사용한다.

접착 퀄팅솜은 시침과 퀄팅을 덜 해도 되어 편리한 반면 일반 퀄팅솜에 비해 퀄팅이 다소 어렵다.
접착이 되었다 하더라도 어느 정도는 퀄팅을 해 주는 것이 좋다.
특히 옅은 천에 접착 퀄팅솜을 사용한 경우에는 접착면이 약간 부자연스럽게
보일 수 있으므로 퀄팅을 해주어야 한다.

짙은 색으로만 되어 있는 작품은 검정 퀄팅솜을 사용하고 일반적으로는 흰색을 사용한다.

흰색 퀄팅솜

검정 퀄팅솜의 부직포면

실

퀄트에 쓰이는 실의 종류는 참으로 다양하다. 조각잇기에는 면실, 아플리케에는 아플리케실, 퀄팅할 때는 퀄팅실
이렇듯 용도에 따른 실의 종류도 많거니와 실을 생산하는 업체들도 다양하다보니 어느 회사의 어떤 실을 써야 할 지 보통 난감한 것이 아니다.
필자는 다 갖추어 놓고 시작하기 보다는 처음에는 퀄팅실을 천 색상에 맞춰 사용하기를 권하고 싶다.

면실 ★
퀄트에서 주로 사용하는 것이 면이므로 면실을 사용하여 조각잇기를 해주면 겉돌지 않고 차분하게 마무리 된다.

퀄팅실 ★★★
한겹을 사용해도 될 만큼 튼튼하다. 바느질 하고자 하는 천 색상에 맞추면 땀이 고르지 않아도 잘 눈에 띄지 않는다.
반면 강조하고자 할 경우에는 눈에 띄는 색을 골라 사용한다.

아플리케실 ★★
퀄팅실에 비해 가늘고 부드러워 아플리케를 했을 때 겉돌지 않고 자연스럽다.
덧대는 천 색에 가깝게 사용하는 것이 가장 좋으나 아플리케 바느질을 제대로 하면 별로 눈에 띄지는 않으므로 무난한 색 몇 가지만 있어도 된다.

시침실 ★★★
뚝뚝 잘 끊어지는 약간 굵은 실로 잔털이 있어 시침효과가 좋다. 시침실은 퀄팅이 끝난 후에 조심스럽게 제거한다.

일반실 (재봉사)
주위에서 쉽게 구할 수 있는 실로 가장자리 시침에 사용한다.
가장자리에 시침한 것은 완성 후 보이지는 않을 부분이므로
특별히 제거 할 필요는 없다.

레인보우실
여러가지 색이 반복되어 화려한 퀄팅효과를 낸다.
실 선택이 애매 할 경우에도 사용한다.

금사, 은사
화려한 퀄팅을 위해 사용하며 주로 두겹을 사용한다.

투명사
장식용 구슬이나 종, 방울을 꿰맬 때 사용한다.
종이나 방울을 달 때는 느슨하게 꿰매야 자연스럽다.

수실
장식 스티치에 사용한다.
굵은 수실은 주로 1겹을 사용한다.
십자수실은 필요한 가닥을 뽑아서 사용한다.(2겹이 필요하면 한 가닥을 뽑아 사용)

시침실, 금사, 투명사, 일반실 (재봉실), 아플리케실, 퀄팅실, 레인보우실, 굵은수실, 십자수실

프레임

일정한 틀을 형성하고 있는 금속 제품으로 크기와 종류가 다양하다.
제조사에 따라 크기가 조금씩 다를 수 있으므로 주의하여야 한다.

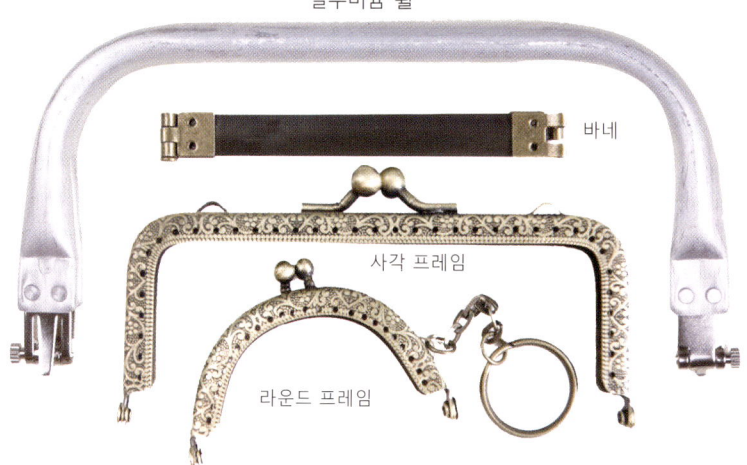

알루미늄 휠
바네
사각 프레임
라운드 프레임

지퍼

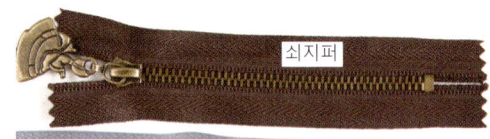

쇠지퍼
주로 사용하는 지퍼로 10cm부터 5cm 단위로 생산된다.
지퍼를 달기 전에 여러번 여닫아 부드럽게 한 후 사용한다.

프라스틱지퍼
원하는 크기로 잘라 쓸 수 있으며 쇠지퍼에 비해
두께가 얇으므로 쿠션이나 지갑류를 만들 때 사용한다.

장식에 쓰이는 것들

면라벨   단추

  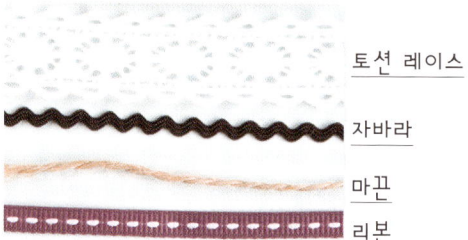

↓
싸개용 프라스틱

토션 레이스
자바라
마끈
리본

스냅단추

여밈용으로 사용

면끈

조리개 끈으로 주로 사용

자석스냅 : 감침이나 버튼홀 스티치로 꿰맨다

싸개스냅 : 공그르기로 꿰맨다.

일반스냅 : 감침이나 버튼홀 스티치로 꿰맨다

가죽장식
손으로 꿰매기 편하도록 구멍이 뚫려 있다.

웨이빙
가방 끈용으로 주로 사용하며 원하는 길이로 만들 수 있는 장점이 있다.

솜
인형 속을 채우는 재료로 큰 인형을 채울 때는 구름솜을 사용해도 괜찮지만 작은 인형이나 구석진 곳은 방울솜을 사용하는게 좋다.

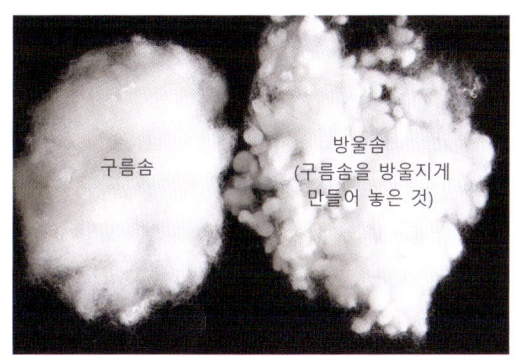

구름솜 / 방울솜 (구름솜을 방울지게 만들어 놓은 것)

핀대

폰줄

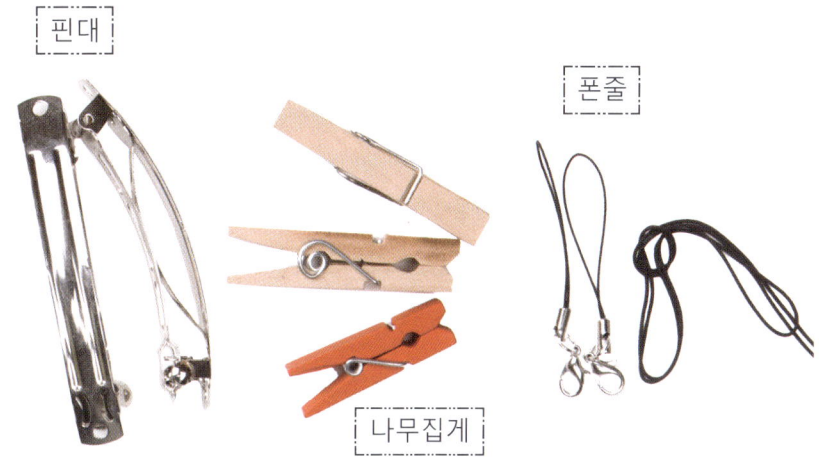

나무집게

접착심

단면 원단 접착심
얇은 것부터 두꺼운 것까지 여러가지가 있으며 빳빳하고 힘이 있어야 할 부분에 사용한다.

양면 접착 쉬트
얇은 막으로 되어 있어 천과 천 사이에 넣고 다리면 천끼리 붙는다. 지갑의 포켓에 주로 사용한다.

재료를 구할 수 있는 곳

퀼트가 많이 대중화 되어 재료 구하기가 그리 어렵지는 않다.

도매점으로는 동대문 종합시장 5층에 퀼트 전문샵이 여러 곳 있으므로 꼼꼼이 비교해 보고 선택하도록 한다.

퀼트를 하다 보면 그때 그때 필요한 재료들이 생기게 마련이므로 가까운 동네 퀼트샵이나 공방을 이용하는 것도 추천하고 싶다.

재료를 보는 안목이 생기면 인터넷 쇼핑몰을 이용하여서도 손쉽게 구할 수 있다.

CHAPTER 3

Basic Lessons

기본적으로 알아 두어야 할 사항들이예요

Lesson 01 실물본 만들기

실물본의 종류 ─┬─ 실물 그대로의 형태로 제공되는 본
　　　　　　　└─ 실물크기의 치수로 제공되는 본(크기가 큰 사각형들)

실물 그대로의 형태로 제공되는 본 만들기

실물 그대로의 형태로 제공되는 실물본은 사본을 만들어 사용한다. 책 본문에 실물본이 있는 경우나, 앞 뒷면에 각각 다른 실물본이 있는 경우에는 바로 오려 사용할 수 없기도 하지만 분실을 대비해 원본을 남겨두는 것이 좋다.

　　사본만드는 방법 1 : 복사기로 복사를 한다.
　　사본만드는 방법 2 : 비춰지는 종이(트레이싱지 또는 두껍지 않은 일반용지)를 해당 실물본 위에 올려 놓고 비춰지는 선을 따라 그린다.

사본 그대로 오려 사용하면 후들거려 재단하기 어렵기도 하고 금방 망가지므로 두꺼운 종이(마분지)에 붙였다가 칼로 오려내서 사용하는게 좋다. 가위는 내부를 오려내기가 힘드므로 실물본을 오릴 때는 커터칼을 사용한다.

다음은 포패치 컵받침에 사용 될 실물본을 만드는 과정이다.

1. 사본을 대충 오린 후 뒷면에 풀칠을 한다. 물풀은 쭈글거리게 되니 고체풀을 사용하는게 좋다.

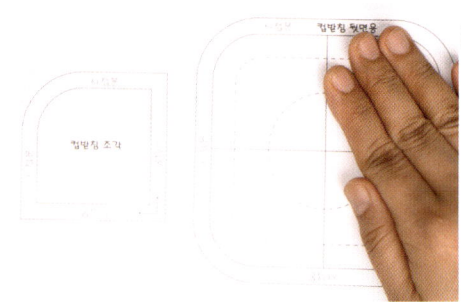

2. 약간 두꺼운 종이(마분지)에 붙힌다.

3. 풀이 마르기를 기다렸다가 커터칼을 이용해 선대로 오린다.

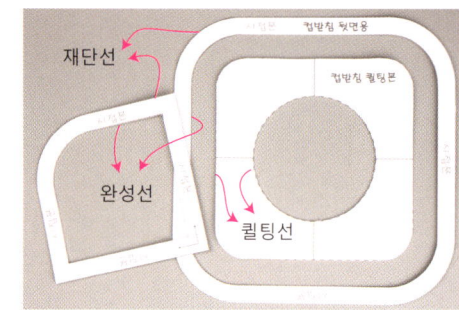

4. 최종적으로 사용할 실물본들

수놓을 선이나 디자인 퀼팅에 쓰이는 퀼팅선은 펜이 들어갈 두께만큼 도려낸 본을 만들어 그리면 편하다.
다음은 고양이 동전지갑에 사용될 수염용 실물본을 만드는 방법이다.

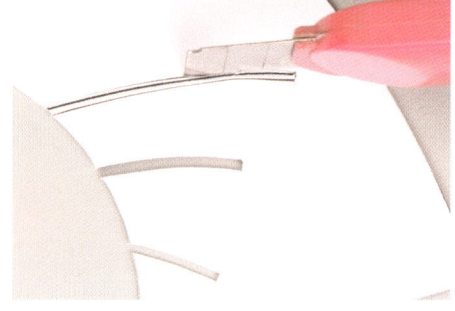

실물 크기의 치수로 제공되는 본 만들기

크기가 큰 사각형의 경우에는 주로 완성치수로 명기되어 있다.
이 경우 가장 쉬운 방법은 두꺼운 모눈종이(방안대지)를 사용하면 쉽게 본을 만들 수 있다.
눈금이 1mm단위로 되어 있으므로 원하는 크기대로 오려서 사용한다.

두꺼운 모눈종이를 사용하지 않을 경우는 자를 이용해 원단에 직접 그리는데
직각을 잘 맞춰 그리도록 한다. => 큰 사각형 재단하기 참조

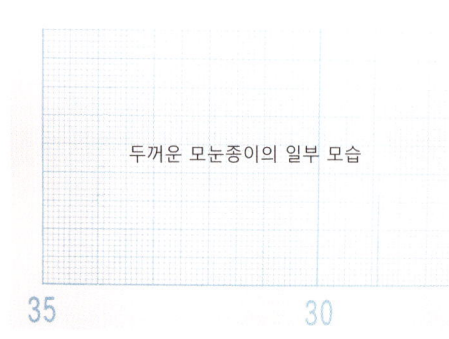

두꺼운 모눈종이의 일부 모습

35　　30

Lesson 02 재단하기

재단 할 때의 주의사항

천의 세탁
모든 천들을 선 세탁한 후 사용하는 것이 가장 좋다. 천의 성분에 따라 줄어듦의 정도가 약간씩 다르고 간혹 색이 번지는 천들도 가끔 있기 때문이다. 그러나 일일이 선 세탁을 하는 것은 여간 귀찮은 일이 아니고 패키지를 구입한 경우에는 선세탁이 불가능하므로 생략하는 경우가 많다.

성분이 다른 종류의 천들을 패치하거나 짙은 붉은색 계열과 짙은 청색 계열은 간혹 물빠짐이 염려되므로 선세탁을 해주는 것이 좋다.

밀리지 않도록 주의
천은 늘어나는 성질이 있어 조심해야 한다. 천 밑에 고운 사포를 깔고 재단하면 천이 밀리지 않아 편리하다.
큰 본을 사용해 재단할 경우에는 본이 움직이지 않도록 조심 해야 한다. 이때는 그리고 있는 반대쪽에 묵직한 것을 올려 놓고 그린다.

천의 끝부분 정리
천의 양 끝부분에는 실가닥이 풀리지 않는 부분이 있다. 이부분에는 회사명이나 기타 정보들이 프린트되어 있거나 완성부분으로 들어가면 안되는 상태가 대부분이다. 그런 부분이 포함되어 있는 경우에는 과감하게 정리하여 완성에 포함되지 않도록 주의한다.

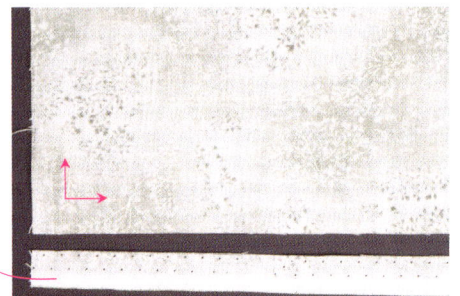

완성으로 들어가면 안되는 부분

어느쪽에 재단할 것인지?
조각잇기의 대부분은 천 안에 그려서 재단하고 아플리케의 경우에는 천 겉에 그려서 재단한다.
시접이 포함된 것을 재단할 때는 겉과 안 모두 가능하다. 천 겉에 그릴 때는 지울수 있는 천 전용펜을 사용해야 한다.

비대칭인 본을 천 안쪽에 그릴 때는 주의 하여야 하는데 완성 사진대로 나오게 하려면 본을 뒤집어 천에 그려야 한다.

재단하는 순서
패키지를 이용한다든지 천의 여유분이 많지 않은 경우에는 특히 재단에 주의 해야 한다.
큰 것을 먼저 재단한 후 작은 조각들을 재단하도록 한다. 바인딩에 쓰이는 천은 길이가 긴 경우가 대부분이므로 먼저 재단하는 것이 좋다.

재단 방향?
실물본에 화살표시가 되어 있는 경우에는 화살표시 방향을 실 가닥 방향(푸서 또는 식서 방향)에 맞춰 재단한다.
바인딩에 사용할 천은 정바이어스를 쓸 것인지 푸서방향을 쓸 것인지를 잘 구별해서 재단하는데 곡선이 포함된 경우에는 꼭 정바이어스로 재단한다.

오차를 줄여서 그린다.
오차가 커지면 작품 완성도에 영향을 미친다. 본을 만들때도 오차를 줄여야 하지만 재단할 때도 오차를 줄여야 한다.
펜은 될 수 있으면 가는 펜을 사용하고 연필보다는 샤프를 사용한다. 쵸크펜슬을 써야 한다면 칼처럼 깎아 사용하는게 좋다.
자나 본을 대고 그릴 때도 최대한 밀착시켜서 그려지게 한다. 자를 때도 그려진 선대로 자르도록 한다.

시접은 얼마나 두어야 하는지?
바인딩용 천과 실물본에 시접이 포함되어 있는 경우는 그대로 자르고 나머지는 지시된 만큼 시접을 따로 두고 재단한다.
다음은 일반적인 시접 분량이다.

- 조각잇기용 : 0.7cm
- 일반적인 아플리케용 : 0.5cm
- 크기가 작은 아플리케용 : 0.3cm
- 작은 인형 : 0.5cm
- 큰 인형 : 0.7cm
- 쿠션 지퍼 달 곳 : 2cm

시접이 일정해야 바느질도 쉽고 깔끔하게 완성된다.

퀼팅솜과 안감
퀼팅솜과 안감의 크기가 정해져 있지 않은 경우에는 탑을 만든 후 탑보다 퀼팅솜을 약간 크게 자르고, 안감은 퀼팅솜보다 약간 더 크게 잘라 사용한다.

시접자를 이용하여 5cm 이내의 사각형을 재단하는 방법

5cm 내의 사각형은 실물본을 만들지 않고 시접자를 이용해 그려도 무방하다.
다음 예는 나인패치 핀쿠션을 만들 때 필요한 3x3cm(시접 0.7cm씩 따로)의 정사각형을 실물본을 만들지 않고 시접자를 이용하여 그리는 방법이다.

① 아래를 반듯하게 정리한 후 시접 0.7cm 선을 그린다. 시접자의 7로 표시된 선을 천 끝부분에 맞춰 올려 놓고 선을 그린다.

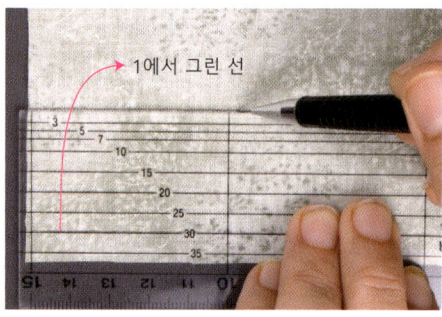

② 완성 3cm선을 그린다. 1에서 그린선과 시접자의 30선을 맞추어 놓고 그린다.

③ 다시 시접 0.7cm선을 그린다.

④ 1~3의 결과로 생긴 선들

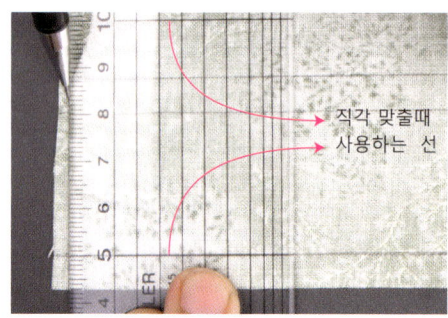

⑤ 직각을 맞춰 세로선을 그린다. 가로로 그려 놓은 선 중 하나에 직각 맞출 때 사용하는 선을 맞추면 직각이 맞는다. 여유분은 자른다.

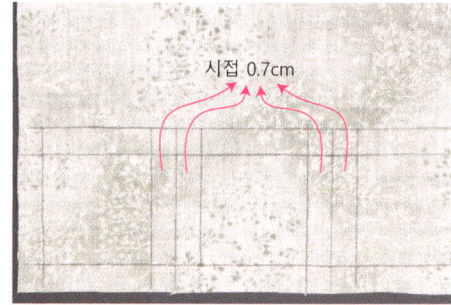

⑥ 같은 방법으로 나머지 세로선도 그린다.

시접자를 이용하여 큰 사각형을 재단하는 방법

다음 예는 본을 만들지 않고 완성크기 9x9cm(시접 0.7cm따로)의 사각형을 그리는 방법이다.
참고 : 큰 사각형은 직각을 맞추기가 약간 까다로우므로 두꺼운 모눈종이(방안대지)를 사용하여 실물본을 만들면 좀 더 쉽고 정확하게 재단할 수 있다.

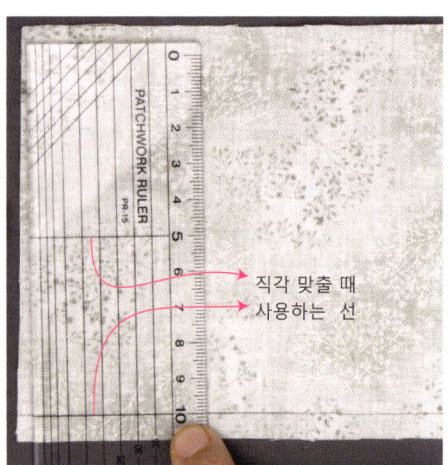

① 아래부분을 반듯하게 자르고 0.7cm선을 그린다. 그 선에 직각이 되는 세로선을 긋는다.

② 여유분은 자르고 시접 0.7cm 선을 그린 다음 완성선에서 각각 9cm 되는 곳을 표시한다.

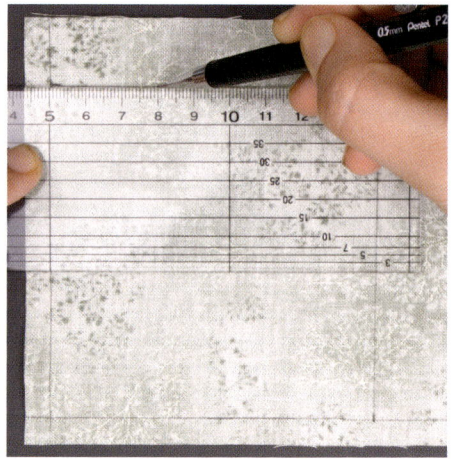

③ 각각 직각을 맞춰 선을 그으면 9cm 정사각형이 그려진다. 바깥쪽에 시접 0.7cm씩 그린 후 자른다.

실물본을 이용하여 재단하는 방법

실물본의 형태 ─┬─ 시접분이 본에 포함되어 있는 것 (본대로 재단)
              └─ 완성크기의 실물본 (시접을 따로 두어 재단)

실물본에 시접이 포함되어 있는 경우 재단하기

다음 예는 포패치 컵받침에 사용 될 조각용 천을 재단하는 방법이다.

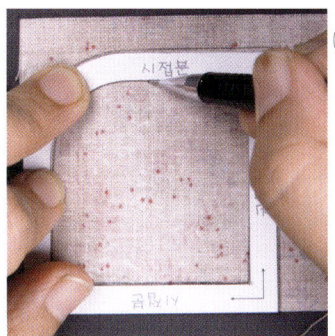

1. 실물본의 외곽선(자르는 선)을 그리고 안쪽에 완성선도 그린다. 다음장 그릴 때 외곽선에 바로 붙여서 그린다.

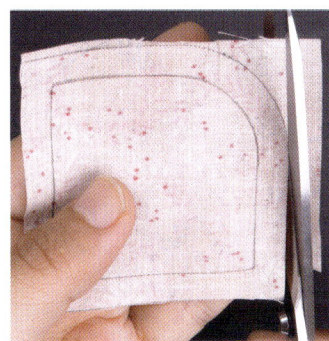

2. 외곽선대로 자른다.

다음 예는 드레스덴 플레이트 주머니에 사용 될 드레스덴용 천을 재단하는 방법이다.

1. 실물본의 외곽선(자르는 선)과 안쪽의 완성선도 그린다. 다음장 그릴 때 외곽선에 바로 붙여서 거꾸로 그린다.

2. 재단한 모습 드레스덴의 경우는 아래에 0.7cm선을 그려 놓는다.

완성크기의 실물본을 이용하여 삼각형 재단하기 (시접을 따로두어야 함)

다음 예는 Flying Geese 휠백용 삼각형을 재단하는 방법이다.
삼각형의 경우에는 화살표방향(실가닥 방향)에 주의하여 한번은 제대로 그리고 다음은 거꾸로 그린다.

1. 시접자로 시접을 먼저 그린 후 실물본을 놓고 나머지 변을 그린다. 시접자로 시접을 두번 그린 후 실물본을 거꾸로 놓고 나머지를 그린다. 조각을 연결한 후 여유분은 자를 것이므로 모서리 부분은 뽀족하게 재단 되거나 뽀족하지 않아도 상관없다. (Flying Geese 휠백 조각잇기 참조)

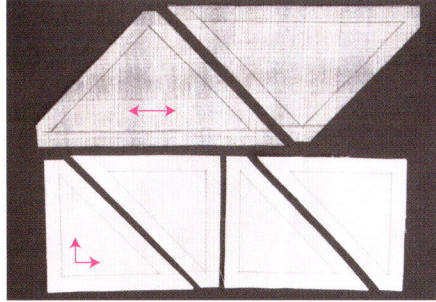

2. 재단한 모습

참고: 시접은 항상 일정하게 두어야 바느질하기도 쉽고 깔끔하게 마무리 된다.
직선의 경우에는 시접자로 시접을 둘 수 있으나 곡선의 경우에는 눈대중으로 두거나 시접라이너를 사용하여 시접을 둔다.

Lesson 03 기본적인 바느질 방법

홈질 (Running Stitch)

홈질은 퀼트에서 가장 많이 쓰이는 바느질 방법이다. 조각잇기에는 1cm에 3~4땀 솜을 채우는 인형의 경우에는 4~5땀 들어가게 땀을 뜬다. 그러나 퀼팅솜과 안감을 대고 퀼팅하는 경우에는 사용하는 퀼팅솜에 따라 땀이 약간씩 더 넓어지게 된다. 처음 퀼팅을 하게 되면 땀이 넓게 떠지지만 자꾸 하다 보면 땀의 간격은 줄일 수 있으므로 처음에는 조금 넓게 떠지더라도 일정하게 뜨도록 노력하자.

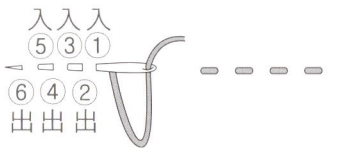

공그르기 (Blind Stitch)

공그르기는 창구멍을 막거나 완성된 것끼리 연결해 주거나 할 때 땀이 보이지 않도록 뜨는 바느질 방법으로 퀼트에서 홈질처럼 빈번하게 쓰이는 중요한 바느질 방법이니 확실하게 익혀두자.

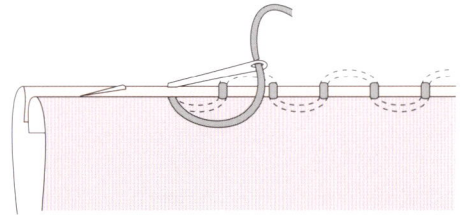

① 맞은 편 접혀 있는 부분을 한땀 뜬다.
(실이 나온 곳 바로 맞은편에 바늘을 찔러 접혀 있는 부분을 뜨도록 한다.)

② 같은 방법으로 접힌 부분을 왔다 갔다 하며 네땀 정도 뜬다.

③ 실이 보이지 않을 정도로 탱탱하게 당긴다.
(너무 느슨하거나 쭈글거리지 않을 정도)

참고 : 가방 옆을 잇거나 조가비 프레임 동전지갑에서와 같이 앞면과 뒷면을 이을 경우처럼 튼튼해야 할 공그르기는 처음 시작부분과 끝부분을 두 세번 바느질이 되도록 한다.

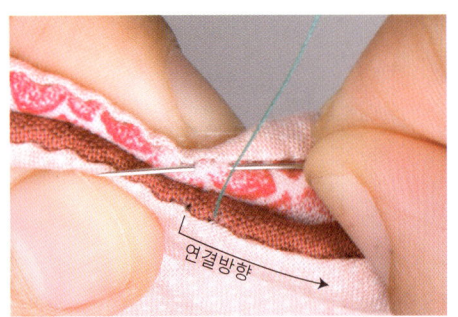

① 시작점보다 한땀 앞선 곳에서 시작하여 실이 나온 곳에서 가장 가까운 맞은편으로 바늘을 찔러 연결 시작점으로 한땀 뜬다.

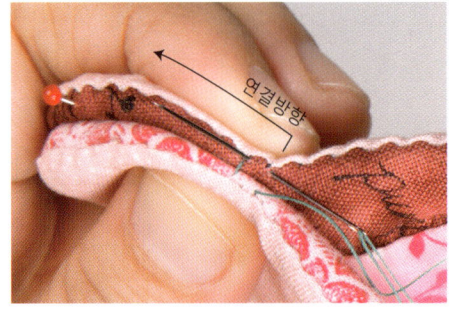

② 돌려잡고 맞은편에서 한땀 뜬다.

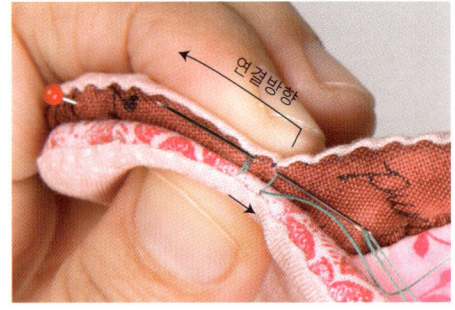

③ 다시 돌려잡고 시작점으로 한땀 (짧은 화살표) 뜬 후 다시 돌려잡고 한땀 뜬다.

감침질 (Hem)

감듯이 땀을 뜨는 바느질법으로 보이지 않는 곳의 창구멍을 막을 때나 올이 풀리지 않도록 정리 할 때, 솔기를 정리할 때, 튼튼하게 연결 하고자 할 때 사용

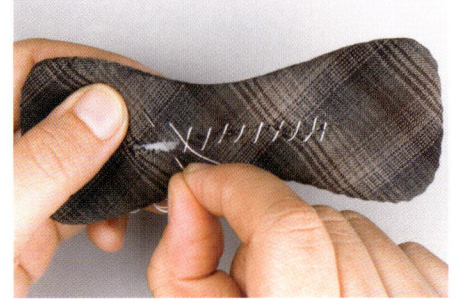

창구멍을 감침하는 모습 (예 : 단아한 자동편)

솔기를 정리하는 모습 (예: 드레스덴 정리주머니)

반 박음질 (Half Back Stitch)

홈질보다는 튼튼하고 박음질보다는 성근 바느질 방법으로 두꺼운 것을 꿰맬 때나 지퍼를 꿰매는 경우에 주로 사용한다.

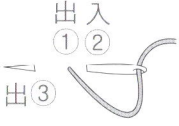

일반적인 반박음질은 땀간격이 일정해 보이게 뜬다.

지퍼를 꿰맬 때는 겉에 드러나는 땀을 짧게 뜬다.

박음질 (Back Stitch)

선을 표현하거나 튼튼하게 바느질 하고자 할 때 사용
(예: 고양이 동전지갑에서 코밑 수 놓을 때 사용)

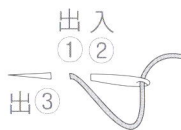

줄기수 (Outline Stitch)

줄기나 굵은 선을 표현하고자 할 때 주로 사용
(예: 명함 보관지갑, 고양이 동전지갑 콧수염)

주의: 실이 걸쳐지는 방향을 일정하게 한다.

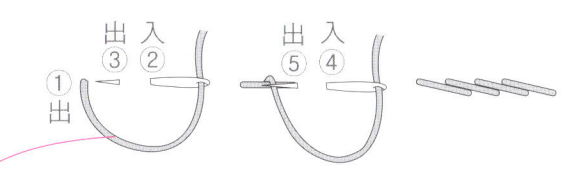

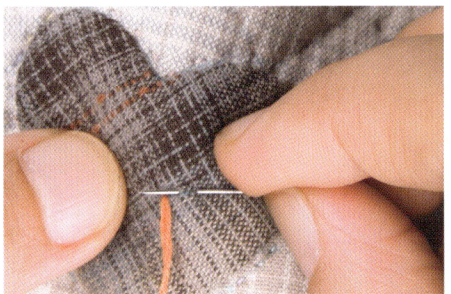
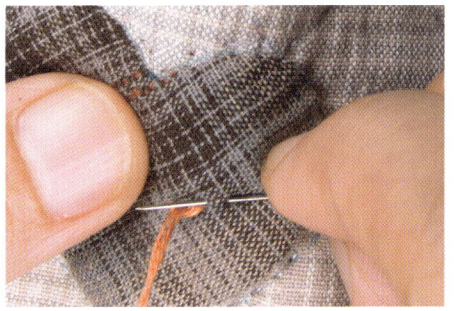

1. 겉으로 보이는 땀의 반 되는 위치로 바늘을 뺀다. 겉으로 보이는 땀은 7mm내외로 뜨고 굴곡이 심한곳은 약간 촘촘히 뜬다.

2. 처음 땀 간격 만큼 벌어지게 땀을 찌른 후 그 간격의 반 되는 위치(1에서 바늘이 찔러졌던 곳)로 바늘을 뺀다.

3. 마무리는 반을 떠서 나오지 말고 바로 뒷면으로 보내 뒤에서 마무리한다.

채움수 (Satin Stitch)

면을 채울때 주로 사용 (예: 명함 보관지갑)

1. 외곽을 박음질로 먼저 수를 놓은 후 중앙부터 시작한다.

2. 중앙부터 한쪽을 채운 후 나머지도 중앙부터 채워 나간다.

세발뜨기 (Herring-bone Stitch)

조각 이음선 위에 장식스티치로 많이 이용되는 수(예 : 헤링본스티치 카드지갑 & 통장지갑)

땀 간격은 예시한 것을 참조하되 변화를 주는것도 무방하다.

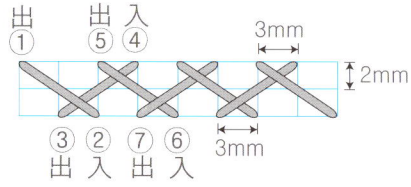

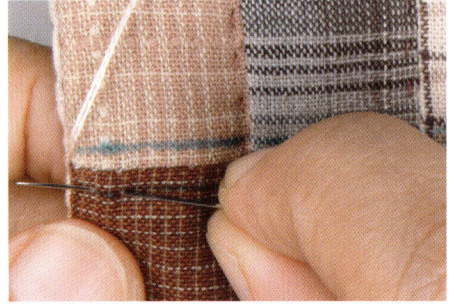

1 연결선 위와 아래에 2mm 띄운 선을 그린 다음 윗 선 왼쪽 끝에서 실이 나온 후 사선이 되도록 아랫선에서 3mm 간격의 땀을 뜬다.

2 사선이 되도록 윗선에서 3mm간격의 땀을 뜬다.

3 같은 방법으로 아랫선과 윗선을 왔다 갔다하며 땀을 뜬다.

중간에 실이 모자르거나 끝내야 할 때는 땀을 뜨지 말고 뒷면으로 보낸 후 뒷면쪽에서 마무리한다.

다시 이어 수를 놓을 때는 사진처럼 시작한다.

매듭수 (French Knot Stitch)

점이나 씨앗등을 표현 할 때 사용.
(큐티캣 폰줄의 코처럼 매듭을 지어서 수를 놓기도 한다.)

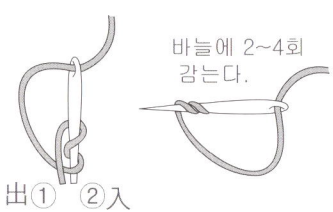

깃털수 (Feather Stitch)

crazy 기법에 주로 사용 되는 수로
조각 이음선 위에 장식스티치로 이용

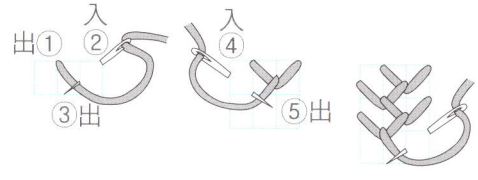

사슬수 (Chain Stitch)

굵은 선이나 면을 채울 때 사용

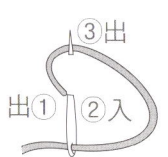

레이지데이지 (Lazy Daisy Stitch)

꽃을 표현할 때 주로 사용

Lesson 04 시작매듭 짓기와 숨기기

시작매듭 짓기

너무 굵거나 가늘지 않도록 항상 일정한 두께의 매듭을 짓는다. 한겹에 짓는 매듭은 2~3번(두꺼운 수실은 1회) 감고, 두겹 이상에 짓는 매듭은 1회만 감는다.

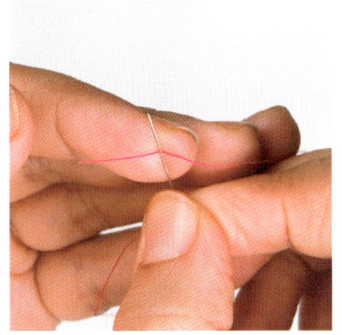

① 실 끝자락을 왼손 검지에 올려놓고 바늘을 실에 수직으로 걸쳐놓는다.

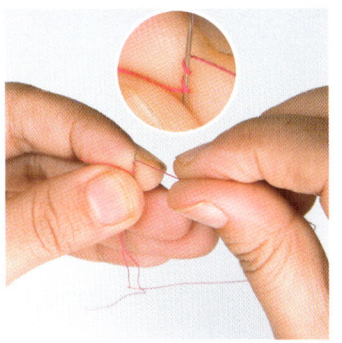

② 왼손 엄지로 바늘을 살짝누르고 오른손은 실가닥을 잡고 바늘에 2~3번 감는다.

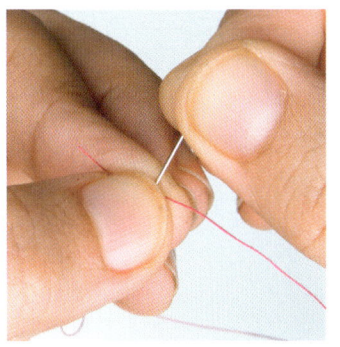

③ 감은 것이 흩어지지 않도록 왼손 엄지로 지그시 누르면서 바늘을 당긴다.

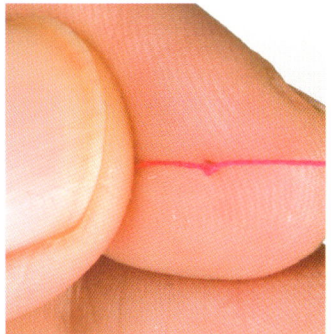

④ 매듭이 완성된 모습

시작매듭 숨기기

안쪽에서 꿰맬 때는 매듭을 숨길 필요가 없지만 퀼팅하거나 창구멍 공그르기 할 때, 수를 놓을 때 등등 겉에서 시작할 때에는 매듭을 천속으로 숨겨야 한다.

① 바느질 하고자 하는 곳에서 1.5cm 이상 띄운 곳에 바늘을 찔러 시작하고자 하는 곳으로 바늘을 뺀다.

② 매듭이 들어가도록 실을 당긴다. 매듭이 들어가면 바로 힘을 빼고 끝까지 살짝 당긴다.

Lesson 05 끝매듭 짓기와 숨기기

끝매듭 짓기

실을 뚫고 나와서 마무리 하는 경우에는 따로 매듭을 지을 필요가 없지만 실을 뚫기가 곤란한 경우(2겹이상 사용하거나 투명사, 수실 사용시등)에는 매듭을 짓는다.

실을 둥그렇게 모양을 만든 후 그 사이로 바늘을 그대로 통과시키면 한겹 매듭이 되고 바늘에 실을 감으면 감는 수 만큼 매듭이 커진다. 매듭은 천 바로 위에 생기도록 주의하며 당긴다.

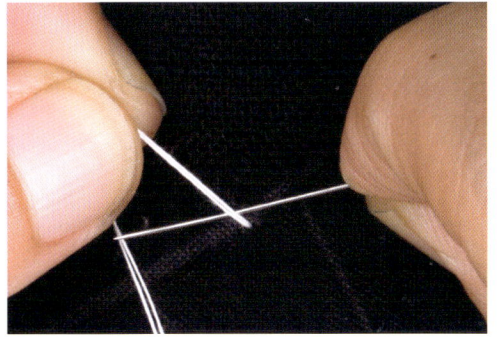

매듭완성모습

끝매듭 숨기기

안쪽에서 꿰맨 후 마무리 할 때는 매듭을 숨길 필요가 없지만 겉에서 매듭을 지은 후라면 매듭이 보이지 않도록 속으로 숨겨야 한다.

① 매듭 지은 후 매듭 지은 자리가 벌어지도록 실을 당기면 실이 나온 구멍을 찾을 수 있다.

② 실이 나온 구멍으로 바늘을 찔러 약간 옆으로 나온 후 실을 당기면 매듭이 속으로 들어간다.

Lesson 06 조각잇는 방법

다음은 기본적인 조각잇기 방법이다. 조각잇기는 모서리와 모서리를 잘 맞춰 꿰매는 것이 중요하므로 핀을 꽂을 때도 주의하도록 한다.

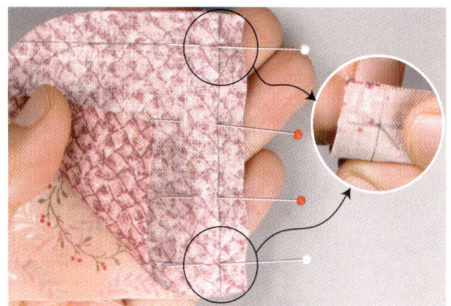

① 겉면끼리 마주보게 포개어 양끝 모서리에 각각 핀을 꽂은 다음 사이에도 핀을 꽂는다.
위,아래가 밀리지 않도록 주의하여 꽂는다.

② 완성부터 시작하면 매듭이 걸리적거리거나 빠질 염려가 있으므로 사진처럼 잡고 한땀을 뜬다.
(창구멍인 경우에는 튼튼하도록 다시 한땀을 더 뜬다.=> 창구멍 바느질 방법 참조)

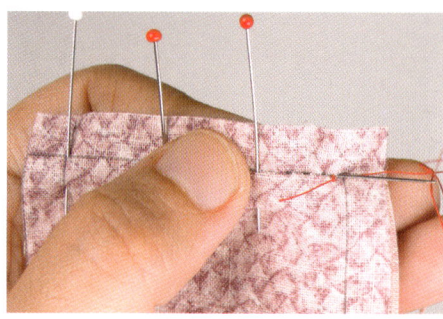

③ 방향을 바꿔 잡고 바로 옆부터 홈질한다.

④ 쭈글거리지 않고 편편하게 끝 모서리까지 땀을 뜬다.

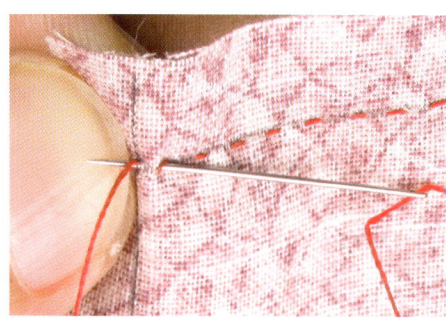

⑤ 한땀 되박음 하면서 실을 뚫고 나온다.
되박음 만으로도 풀리지는 않지만 실을 뚫고 나오면 더 확실한 마무리가 된다.

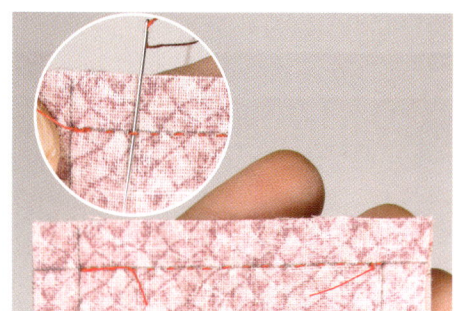

⑥ 실을 뚫고 나온 후 너무 짧게 실을 자르면 실 끝이 갈라져 풀어지므로 적당한 땀 밑으로 통과시킨 후 자른다.

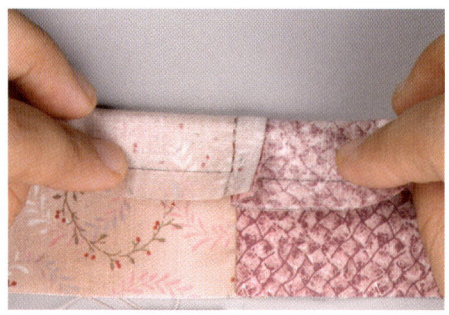

⑦ 시접을 넘기고자 하는 방향으로 눕힌다.

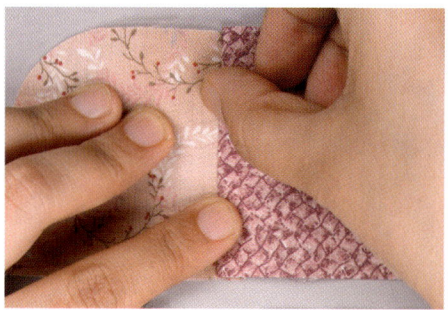

⑧ 손으로 훑어 정리한다.

Lesson 07 바람개비 시접

시접이 한군데에서 많이 겹치면 두꺼워 퀼팅도 힘들고 사용할 때도 불편하므로 될 수 있으면 덜 겹치게 처리해야 한다.
다음예는 포패치를 연결 하는 경우의 시접 처리 방법으로 포패치의 경우에는 시접 방향이 정해져 있어 단과 단을 연결 할 때 시접이 넘어가 있는 상태로 같이 꿰맨다. 그러나 시접 방향이 정해져 있지 않은 경우에는 꿰매고 난 후 시접을 넘길 수 있도록 들춰서 꿰매야 한다.

① 자른 조각 천들을 같이 보이게 배치한다.

② 꿰맬 곳에 핀을 꽂는다.

③ 완성에서 완성까지 꿰맨 후 시접이 오른쪽으로 향하도록 넘겨 손톱으로 눌러 정리한다.

④ 아래단은 꿰맨 후 시접이 왼쪽으로 향하도록 넘겨 정리한다.

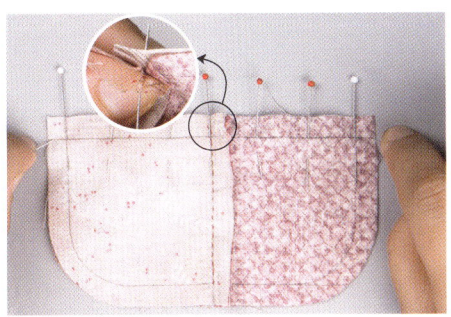

⑤ 윗단을 아랫단 위에 포개어 양끝 모서리를 먼저 맞춰 핀을 꽂고 난 후 중심을 맞춘다. 나머지 사이 사이에도 핀을 꽂는다.

⑥ 확실하게 결정 되어 있는 시접은 시접분도 같이 꿰매는 것이 좋다. 포패치는 시접방향이 전해져 있어 같이 꿰맨다.(주의:시접방향이 정해져 있지 않은 경우에는 꼭 들춰 꿰매야 한다.)

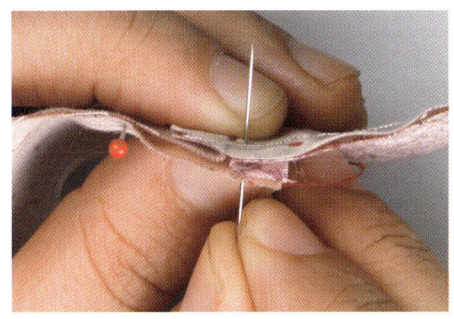

⑦ 시접이 겹치는 곳은 두꺼우므로 한땀으로 뜨지 말고 바늘을 아래로 위로 각각 뺀다.

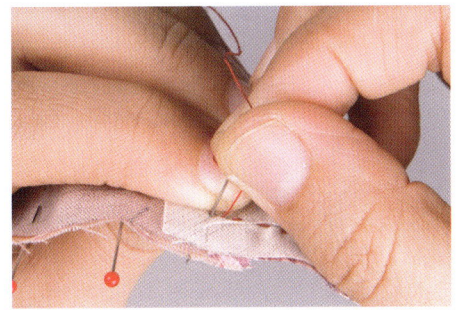

⑧ 모서리는 위와 아래를 잘 확인하여 나온다.

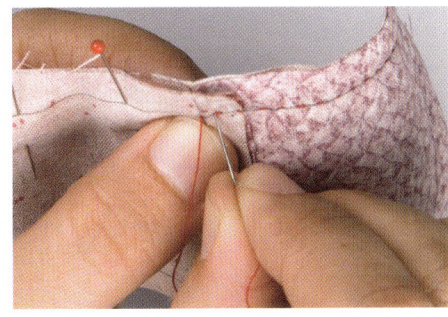

⑨ 모서리들이 만나는 곳은 되박음을 해주는 것이 좋으므로 바늘을 한 번 뒤로 뺀다.

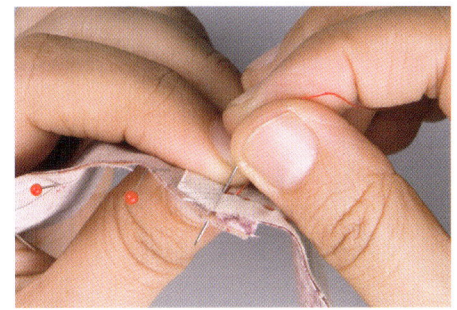

⑩ 다시 모서리로 나온다.

⑪ 나머지를 꿰맨다.

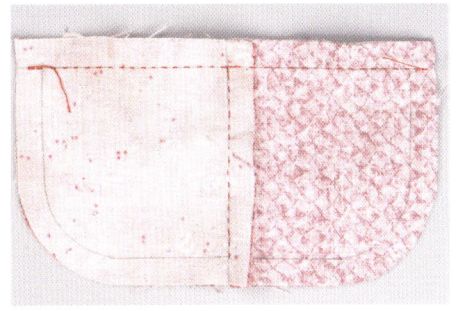

⑫ 단 연결모습 (포패치 컵받침의 경우는 양끝의 시접 부분까지 꿰매도 되므로 시접 부분까지 꿰맸으나 다른 것과 연결 되는 경우라면 완성까지만 꿰매야 하므로 주의해야 한다.)

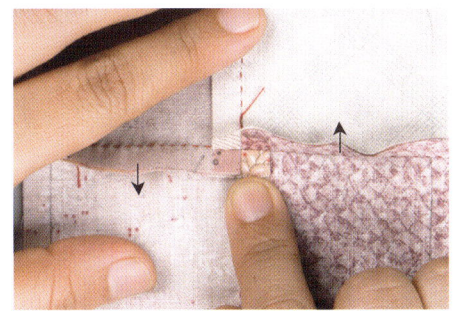

⑬ 3,4 과정에서 넘겼던 시접은 이미 방향이 정해져 있으므로 그 방향에 따라 나머지 시접을 넘기면 바람개비처럼 한 방향으로 넘어가게 된다.

시접을 어디로 넘겨야 할 지 애매한 경우에는 시접을 들춰서 꿰매야 꿰매고 난 후 적당한 곳으로 넘길 수 있다.

① 시접을 들춰놓고 모서리 전까지 꿰맨다.

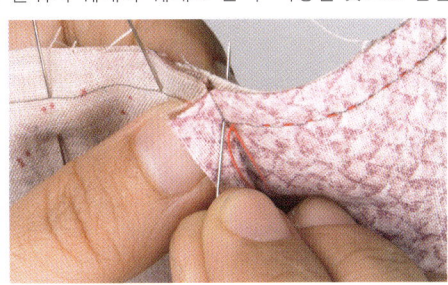

② 위와 아래 모서리를 잘 맞춰 아래로 보낸다.

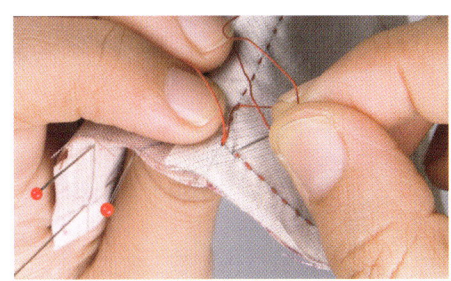

③ 하나 뒤로 찔러 위로 보낸다.

④ 모서리를 맞춰 옆으로 보낸다.

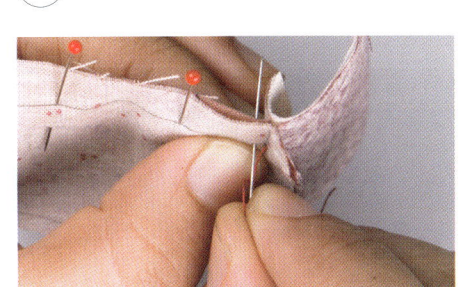

⑤ 하나 밑으로 보낸다.

⑥ 다시 모서리로 바늘이 나온 후 계속해 꿰맨다.

Lesson 08 아플리케하기

재단하기

① 실물본에서 아플리케 할 부분을 칼로 도려낸 후 바탕천 겉에 전체 외곽선과 아플리케 외곽선을 그린다.(묵직한 것을 올려 놓고 그리면 편하다.)

② 아플리케 본을 각각 오린다.

③ 아플리케 할 천 겉에 본을 놓고 그린 후 시접 0.5cm 남기고 자른다.

④ 쏙 들어간 부분에 가윗집을 준다. 이 예처럼 깊숙이 쏙 들어간 곳은 완성에서 2mm 정도 남겨둔 곳까지 자르고 그리 깊숙하지 않은 곳은 3mm 정도 남기고 자른다. 아플리케에서는 볼록한 곡선에는 가윗집을 줄 필요가 없다.

⑤ 뾰족하게 나온 곳은 끝에서 3mm 정도만 남기고 시접을 정리한다. 뾰족한 정도가 그리 심하지 않으면 정리할 필요가 없다.

니들턴 방식 (Needle Turn)

바늘로 시접을 넣어가며 아플리케 하는 방법이 니들턴 (Needle turn) 방식이다.
작은 조각을 아플리케하거나 아플리케가 숙달된 경우에 주로 사용하는 방법으로 처음 접하는 분에게는 다소 어려울 수 있으나 필히 익혀야 하는 방법이다.

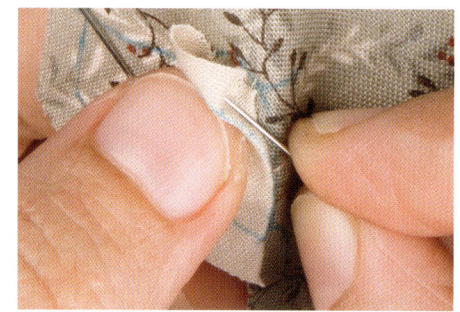
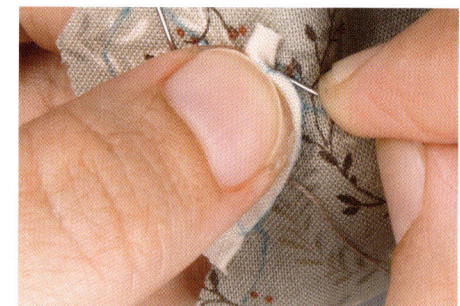

① 겉에 그린 선따라 시접을 접으며 손으로 꾹꾹 눌러 손자국을 낸다.

② 완만한 곡선에서는 바늘을 시접에 눕혀 대고 시접을 밀어 넣는다.

③ 곡선이 심한 곳은 바늘 끝을 사용하여 모양을 넣는다.

본을 넣고 잡아당겨 모양 잡는 방법

시접분 주위를 홈질한 후 본을 놓고 잡아당겨 모양을 잡는 방법으로 아플리케를 처음 접하는 경우에 많이 사용하는 방법이나 필자는 권하지 않는 방법이다.
왜냐하면 이 방법은 본을 넣고 잡아 당기다 보면 오차가 생길 수 있고 본을 빼내는 과정에서도 모양 잡은 것이 풀어 질 수 있기 때문이다.

프리저 페이퍼를 이용하는 방법

프리저 페이퍼라는 종이에 실물본을 그린 후 천에 다려서 니들턴 방식으로 아플리케 하는 것인데 단순한 아플리케에는 편리하지만
복잡하게 아플리케 하는 경우에는 불편할 수도 있고 프리저 페이퍼를 구해야 하는 번거로움이 있으므로 필자는 잘 사용하지 않는다.

모양잡아 시침하는 방법

완성선 따라 시접을 접어가며 손자국을 낸 후 시침하여 모양을 잡아놓고 아플리케하는 방법으로 필자가 가장 좋아하며 권하는 방법이다.
시침은 완성선에서 2mm정도 안쪽으로 하고 나중에 덧대어질 것이 있는 부분은 접어 넣지 않고 그대로 두어야 한다.
그러나 크기가 작은 것들은 시침을 하기가 더 어려울 때가 있다. 이경우에는 니들턴 방식으로 아플리케하는 편이 더 나을 수 있다.

다음예는 명함 보관지갑에 쓰이는 하트중 1번 하트를 시침하는 모습이다.

① 쏙 들어간 곳에 가윗집을 준다. 이 하트의 뾰족한 곳은 뾰족한 정도가 심하지 않으므로 시접을 정리하지 않아도 된다.

② 겉에 그려진 선따라 시접을 접어가며 꾹꾹 눌러 손자국을 낸다.

③ 손자국을 낸 후에는 시접을 접어가며 시침한다. 시침은 2mm 정도 안쪽으로 한다.

④ 곡선 부분을 시침하는 모습. 완성 라인의 꺽임이 자연스럽도록 시침한다.

⑤ 시침을 끝낸 겉 모습. 오른쪽 부분은 다른 하트가 덧대어질 부분이라 시접을 접어넣지 않았다.

⑥ 시침을 끝낸 안쪽 모습

다음 예는 보냇걸의 모자를 시침하는 방법으로 쏙 들어간 부분과 툭 튀어 나온 부분을 주의하여 시침한다.

① 쏙 들어간 곳과 툭 튀어 나온 곳에 가윗집을 준다.

② 손자국을 낸다. 뾰족한 곳은 사진처럼 오른쪽을 접고

③ 왼쪽을 접으면 삐죽 튀어 나오는 것이 있다.

④ 이 튀어 나온 부분을 손가락으로 밀어 넣어 뾰족한 것 밑으로 숨겨 놓고 시침한다.

⑤ 모서리를 시침한 뒷면 모습

⑥ 시침이 끝난 모습

아플리케 바느질 방법

아플리케에 쓰이는 바느질 방법은 감침도 아니고 공그르기도 아니다. 감침과 공그르기를 섞어 놓은 것 같은 방법이다. 감침과 얼핏 비슷해 보이나 감침은 땀이 보이는데 아플리케에서는 공그르기처럼 땀이 보이지 않는다. 공그르기 땀은 나란하게 보이나 아플리케 바느질은 어슷어슷 보인다. 아플리케 바느질법으로 하기 어려우면 차라리 공그르기를 사용한다. 아플리케실 색상은 덧대지는 천 색상에 가까운 색을 사용하는 것이 좋지만 아플리케 바느질 방법으로 땀을 뜨면 실이 거의 보이지 않으므로 다양하게 준비하지 않아도 된다.

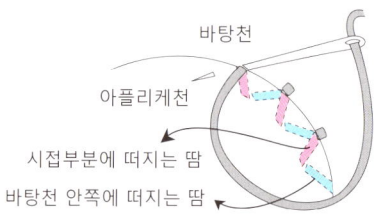

바탕천
아플리케천
시접부분에 떠지는 땀
바탕천 안쪽에 떠지는 땀

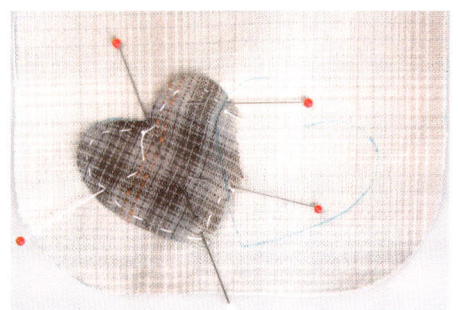

1 바탕에 그려진 선에 맞춰 핀을 꽂는다.

2 완성보다 약간 안쪽 바탕천 밑에서 위로 바늘을 뽑는다. 가려질 부분이라 그대로 나와도 괜찮다.

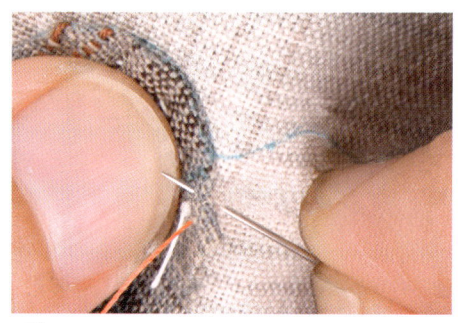

3 실이 나온 바로 옆 바탕천으로 바늘을 찔러 사선 방향으로 바늘이 삐죽 나오도록 찌른다. 이대로 빼면 실이 보이므로 4~6처럼 뺀다.

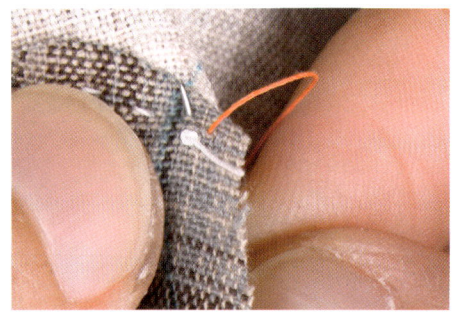

4 바늘이 살짝 보이는 상태에서 바늘 끝 방향이 바깥쪽으로 향하도록 바늘을 튼다.(위사진에서 바늘 끝이 있는 위치쯤으로 나올 것임)

5 바늘을 살살 빼면서 겉천을 떨구고 접혀 있는 시접부분만 뜨도록 하여 접혀 있는 끝으로 바늘을 뺀다.

6 3~5에서 땀을 뜬 모습을 들춰 본 것으로 접혀 있는 시접부분 안쪽을 떠서 약간 사선방향 끝으로 나오도록 땀을 뜬다. (감침과는 다르다)

7 다시 실이 나온 곳 바로 아래 바탕천(완성선)으로 땀을 찔러 접혀 있는 시접 안쪽을 떠서 사선방향 끝으로 나온다.

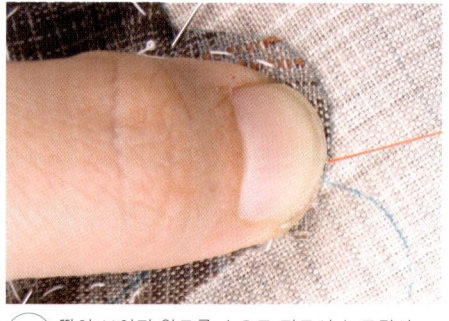

8 땀이 보이지 않도록 손으로 지그시 누르면서 실을 당긴다. 쭈글거리지 않고 실이 보이지 않을 정도로 당긴다.

바탕안쪽의 땀 모습
잡아당겨본 겉 모습

9 바탕천 아래의 땀 모습은 어슷어슷하고 겉에는 땀이 거의 보이지 않는다.

쏙 들어간 곳 바느질 방법

1 쏙 들어간 곳 두땀전부터는 바늘을 아래로 보내고 아래에서 위로 올라오고 하는 식으로 꿰매면서 쏙들어간 모서리로 바늘이 나오도록 한다.

2 다시 안으로 들어갈 때는 완성선보다 약간 안으로 찔러 넣는다.

3 밑에서 실을 당기면 실이 천을 잡아당겨 쏙 들어가게 된다.

아플리케 하는 순서

아플리케에는 순서가 정해져 있다.
구두에 비교해 설명해 보면 구두를 신기 전에 양말을 먼저 신어야 하는 것과 같은 이치다.
실물본에 주로 번호를 표기해 놓은 경우가 있는데 이것이 아플리케하는 순서를 의미한다.

필자의 아플리케 실물본에는 일반적인 번호에 추가로 0번과 ?-1, ?-2가 있다.
이는 아플리케를 좀 더 쉽게하기 위해 추가한 것으로 모자를 쓰는 경우를 생각하면 쉽다.
모자를 쓰기 전에 모자에 장신구를 달아 주듯이 아플리케에서도 그런 것이 실물본 0번이다.
아래 예에서 실물본 0번은 팔 부분으로 바탕천에 치마가 아플리케 된 후 그 위에 팔을
아플리케 해도 되지만 치마 천에 미리 아플리케를 해 두는 것이 편하다.

실물본에서 ?-1 과 ?-2의 의미도 비슷하다. 바탕 천에 따로따로 아플리케 해도 되나
미리 연결해 놓고 그 전체를 바탕천에 아플리케하는 것을 뜻한다.

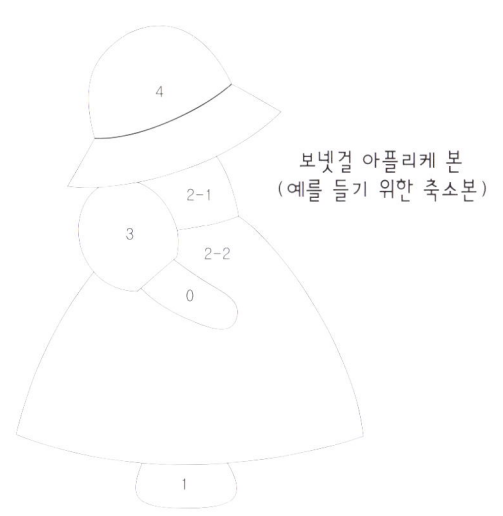

보넷걸 아플리케 본
(예를 들기 위한 축소본)

① 0번을 아플리케 할 천에 먼저 아플리케한다.
=> 2-2가 완성된다.

② 2-1번 천에 2-2를 아플리케한다.

③ 각 조각들의 시접을 접어 넣어 가며 시침한다.
덧대어질 부분은 접어 넣지도 시침도 않는다.

④ 실물본 1번(신발)의 윗부분을
제외한 나머지를 아플리케한다.

⑤ 2단계에서 만든것(2-1에 2-2번을
아플리케한 것)을 아플리케한다.

⑥ 실물본 3번(소매)을
아플리케한다.

⑦ 실물본 4번(모자)의 전체를
아플리케한다.

아플리케 아래 바탕천 도려내기

아플리케 한 후 아플리케천 아래에 있는 바탕천은
시접 0.7cm가량 남기고 조심스럽게 도려낸다.

도려 내는 이유
◆ 바탕천 색깔이 짙고 아플리케 천이 옅은 경우에는
  짙은 색이 비춰지므로 도려내 주어야 깔끔하다.

◆ 아플리케를 하다보면 우는 경우가 생기는데
  바탕천을 오려내고 모양을 잡으면 우는 현상을
  줄일 수 있다.

◆ 퀼팅 했을 때 퀼팅솜이 올라와 볼륨감이 생긴다.

그러나 작은 조각의 경우에는 도려내지 않아도 된다.

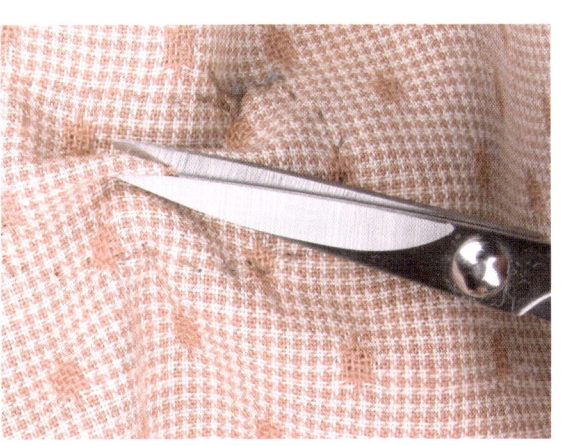

① 바탕천에만 가위집을 준다.

② 시접 0.7cm가량 남기고 도려낸다.

Lesson 09 창구멍 남겨두고 꿰매기

창구멍의 시작과 끝점은 되박음하여 튼튼하게 꿰맨다.

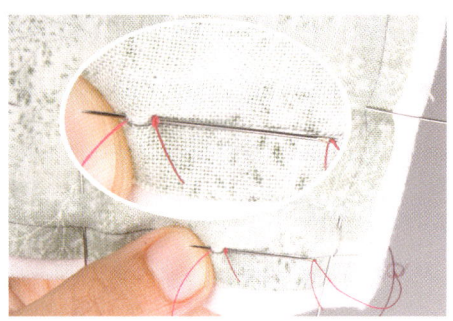

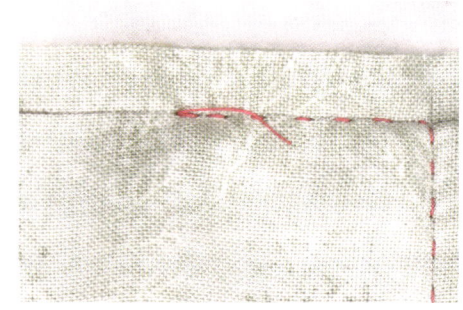

1. 창구멍으로 한땀 떠서 나온 후 다시 창구멍으로 한땀을 더 뜬다.

2. 끝부분에서도 창구멍까지 땀을 뜬 후 다시 되박음하고 한번 더 뜨면서 실을 뽑는다.

3. 적당한 땀밑으로 실을 보낸 후 자른다.

Lesson 10 가윗집 주는 방법

창구멍을 남기고 꿰맨 후 뒤집어야 하는 것들은 가윗집을 잘 주어야 모양이 예쁘게 나온다. 가윗집을 줄 때는 가위의 끝을 사용해야 가능하기가 편리하다.

오목한 부분

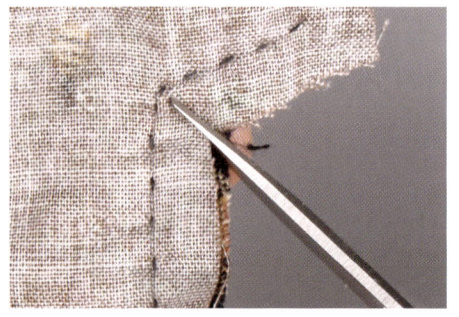

들어간 곳을 이등분하는 느낌으로 자른다. 사진처럼 깊숙한 곳은 모서리에서 2mm 정도 남게 자르고 그리 깊숙하지 않은 곳은 3mm 정도 남게 자른다. 아플리케천들도 같은 방법으로 가윗집을 준다.

볼록한 부분

3~5mm간격으로 완성선에서 3mm띄운 곳까지 자른다. 아플리케는 시접 자체를 3~5mm정도만 두므로 볼록한 부분에는 따로 가윗집을 주지 않아도 된다.

튀어 나와 각이진 곳

모퉁이 꿰맨 곳에서 2mm 정도만 남겨두고 산모양으로 깍아준다. 아플리케의 경우에는 모서리 끝에서 3mm 가량 남긴다.

Lesson 11 뒤집는 방법

다음예는 손으로 뒤집는 요령에 대한 설명이다.

1. 창구멍 반대쪽 부분을 양옆으로 벌린다.

2. 속으로 밀어낸다.

3. 창구멍으로 삐쭉 나올 때까지 밀어낸다.

4. 삐쭉 튀어 나온 것을 잡아당긴다.

창구멍이 좁은 경우에는 맨손으로 뒤집기가 어렵다. 이때는 겸자나 핀셋을 사용하여 뒤집는다. 겸자나 핀셋으로 창구멍에서 가장 먼 곳을 물고 나온다.

Lesson 12 모양 잡는 방법

창구멍으로 뒤집은 후에는 어느 정도 모양을 잡아주어야 원하는 형태가 나온다. 모양을 잡는 여러가지의 경우를 살펴보자

코너 모양잡기

각이 진 코너는 뭉툭해지기 쉬운 부분으로 도구 (작은가위, 일자드라이버, 겸자, 핀셋, 시침바늘등)로 모양을 잡아야 한다.

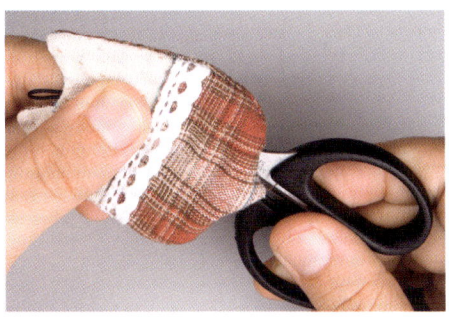
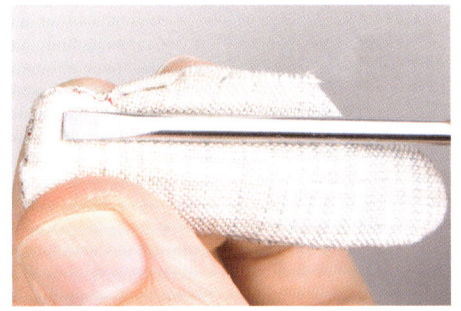
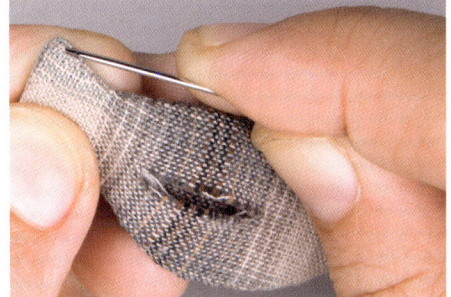

뾰쪽한 곳은 작은가위 등으로 밀어 내 모양을 잡는다. 그러나 끝이 너무 뾰쪽한 것은 천을 상하게 할 염려가 있으므로 주위를 기울여야 한다.

뾰족한 정도가 심하지 않은 곳은 사진처럼 일자 드라이버의 각을 이용해 모양을 잡는다.

바늘 끝을 이용하는 것은 많이 쓰이는 방법이지만 천을 상하게 할 수도 있으므로 조심해야 한다. 앞의 두가지 방법처럼 도구를 이용해 어느정도 코너를 밀어낸 후 겉에서 모양을 빼내도록 한다.

쏙 들어간 곳 모양잡기

쏙 들어간 부분은 뒤집고 나면 쭈글 거린다. 양손으로 옆을 잡아당겨 가며 모양을 잡는다.

창구멍 모양잡기

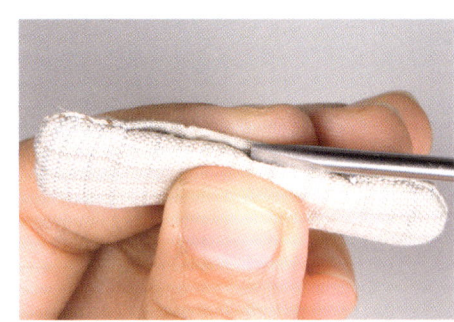

손으로 모양잡기 곤란한 곳은 일자드라이버나 바늘을 이용해 모양을 잡는다.

Lesson 13 창구멍 막기

창구멍은 공그르기로 막는다.

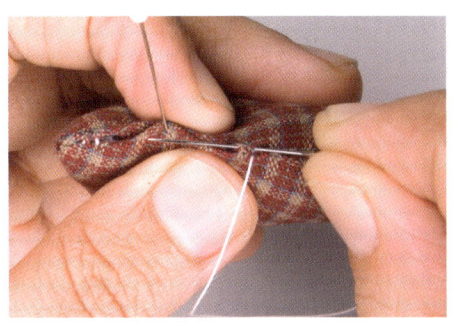
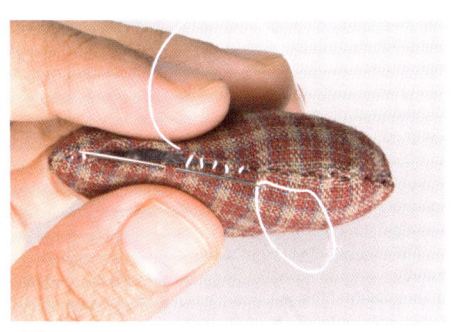

① 매듭은 당겨서 숨긴다.

② 맞은 편 접혀 있는 부분을 한땀 뜬다. 실이 나온 곳 바로 맞은편에 바늘을 찔러 접혀 있는 부분을 뜨도록 한다.

③ 같은 방법으로 접힌 부분을 왔다 갔다 하며 네땀 정도 뜬다.

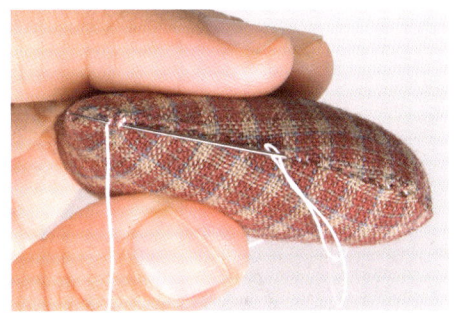
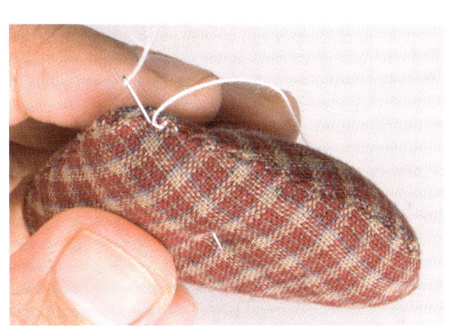

④ 실이 보이지 않을 정도로 탱탱하게 당긴다. (너무 느슨하거나 푸글거리지 않을 정도)

⑤ 계속 공그르기 한 후 마지막에서는 되박음하면서 실을 통과시킨다. (땀은 되도록 작게 뜬다.)

⑥ 바늘을 바로 옆으로 찔러 1.5cm 정도 떨어진 곳으로 뺀 후 실을 자른다.

Lesson 14 퀼팅선 그리기

지울수 있는 펜을 사용하여 겉면에 퀼팅선을 그린다.

퀼팅의 종류

- **아우트라인 퀼팅 (Outline Quilting)**
  조각 이음선을 따라 시접이 넘어간 반대쪽에 퀼팅하는 방법으로 연결선에 바짝 퀼팅하기 보다는 1mm 가량 띄워가며 퀼팅한다.
  아플리케 주위도 아우트라인 퀼팅한다.

- **백그라운드 퀼팅 (Background Quilting)**
  넓은 면을 채우거나 패턴을 강조 할 때 사용하는 방법으로 화이트 퀼트와 하와이언 퀼트에 많이 사용된다.
  패턴을 제외한 나머지 부분에 격자나 줄무늬를 빼곡히 퀼팅한다. 하와이언 퀼트에서는 패턴 주위를 일정 간격으로 퀼팅해 나온다.

- **디자인 퀼팅 (Design Quilting)**
  템플릿등을 이용해 퀼팅선을 그려 놓고 그 선을 따라 퀼팅하는 방법으로 보더 퀼팅에 많이 쓰인다.

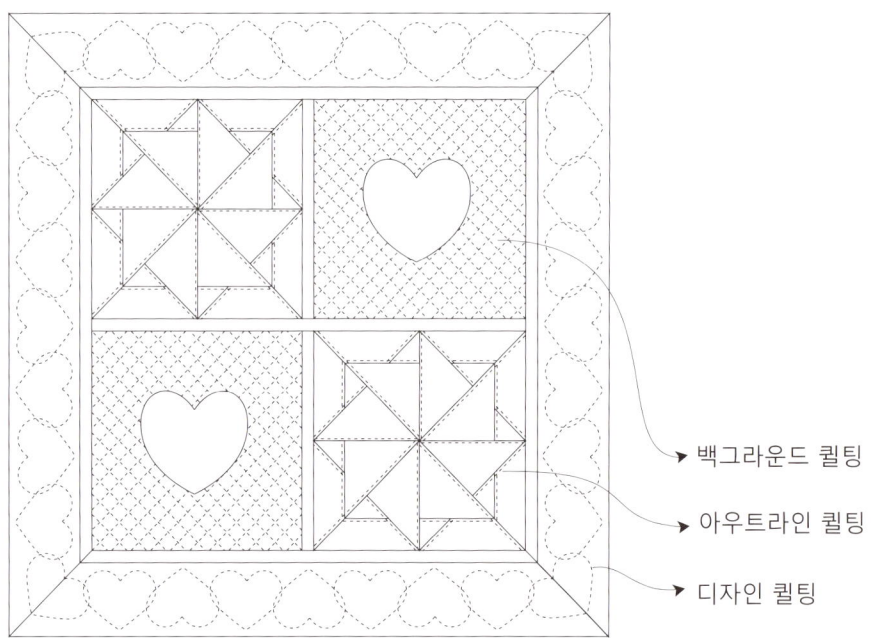

→ 백그라운드 퀼팅
→ 아우트라인 퀼팅
→ 디자인 퀼팅

Lesson 15 시침하기

시침을 충분히 해야 우는 현상을 줄일 수 있다. 격자 모양이 되도록 시침한다.
퀼팅이 익숙해지면 조금 넓게 해도 괜찮겠지만 익숙하지 않은 경우에는 3~4cm 간격 정도로 시침한다.
안감쪽까지 고르게 땀이 떠지도록 하여 중앙에서 바깥쪽으로 시침을 진행한다.

이불을 만들거나 큰 작품의 경우에는 주로 수틀을 사용하는데 이경우에는 방사형으로 시침해도 된다.

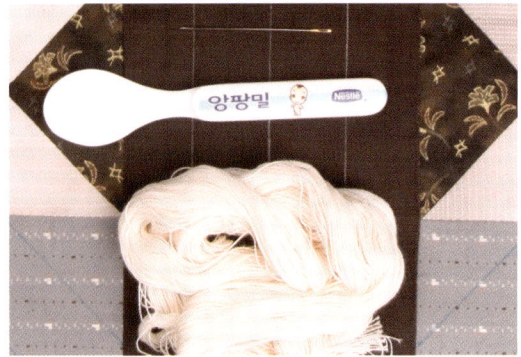

1. 시침바늘, 시침실이 필요하고 프라스틱 스푼이 있으면 땀을 뜨는데 도움이 된다.

2. 중앙부분에서 바늘을 수직으로 찌른 후 크게 한땀 뜬다.
스푼을 바늘이 나올 자리 조금 앞쪽에 놓고 바늘을 들어주면서 땀을 뜬다. (한쪽 귀퉁이에 묵직한 것을 올려 놓으면 땀을 뜰때 움직이지 않아서 좋다.)

③ 끝까지 땀을 뜬 후 매듭이 빠지지 않을 정도로 탱탱하게 잡아 당긴다. (쭈글거리지는 않게)

④ 실이 느슨해지지 않도록 되박음한 후 실을 자른다.

⑤ 아래쪽으로 3~4cm 간격을 띄워가며 시침을 진행한다.

⑥ 위쪽으로도 같은 방법으로 시침을 진행한다.

⑦ 방향을 돌려놓고 나머지 반쪽도 같은 방법으로 시침을 진행한다.

⑧ 방향을 돌려가며 같은 방법으로 시침을 진행하여 깍뚝 모양으로 시침이 되게한다.

시침을 끝낸 모습

Lesson 16 골무 익히기

맨손으로 작업하면 손가락이 아프고 땀도 커지게 된다. 이때 꼭 필요한 것이 손가락 가운데 끼는 링 골무다.
처음에는 어색하지만 자꾸 끼다보면 익숙해 질 수 있다.

링 골무는 바늘 잡는 손 중지에 끼는데
첫째와 둘째마디 사이에 들어가는 크기를 고른다.
엄지와 검지로 바늘을 잡고 바늘 귀는 골무의 홈에 기댄다.
이때 손가락은 자연스럽게 구부리고 엄지는 골무에 닿게 하고
검지는 엄지보다 약간 앞으로 나가게 잡아 골무에는
닿지 않도록 한다.

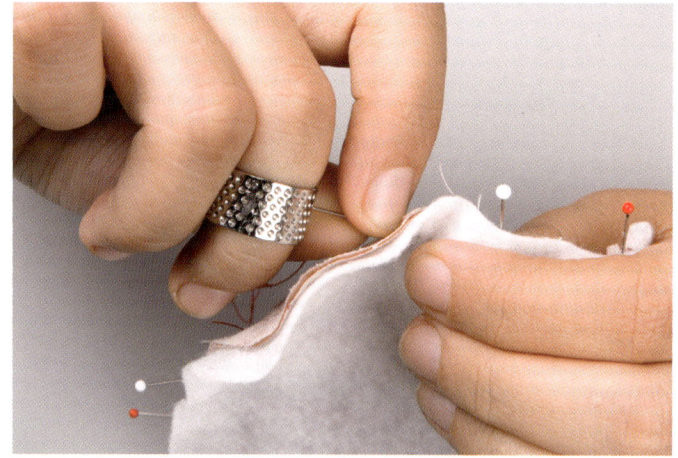

골무 끼고 바늘 잡은 모습

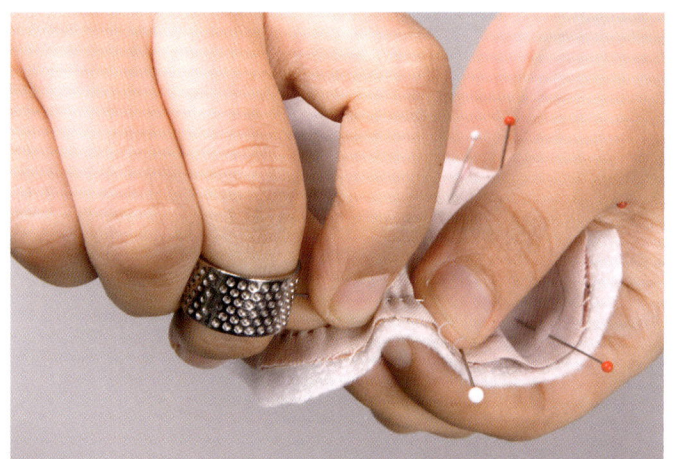

여러 땀을 뜬 것을 측면에서 본 모습

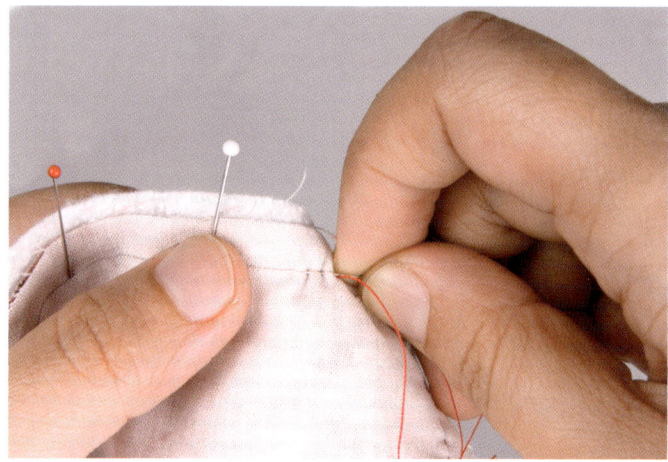

여러 땀을 뜬 것을 측면에서 본 모습

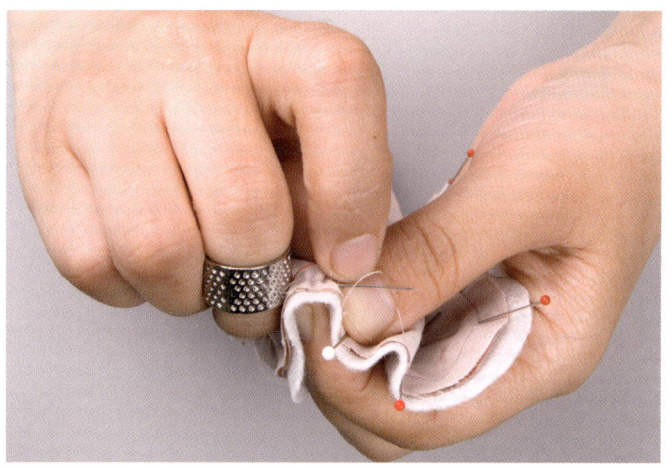

땀을 뜬 후 기댄채로 끝까지 밀어낸다.

Lesson 17 퀼팅하기

충분히 시침질을 한 후 중앙에서부터 시작하여 바깥쪽으로 진행 해야 우는 현상을 줄일 수 있다.

퀼팅은 홈질을 사용한다. 아랫면까지 고르게 뜨기 위해서는 바늘이 들어갈 때 수직에 가깝도록 들어가야 한다. 아이스크림을 푸는 것과 같은 이치다. 아이스크림 스푼을 비스듬히 꽂으면 많이 뜰 수 없는 것처럼 바늘을 비스듬히 꽂아서 땀을 뜨면 아래에 떠지는 땀은 작을 수 밖에 없다.

바늘을 골무에 기댄채로 손을 90°도 기울여서 찌르면 바늘이 수직에 가깝게 들어갈 수 있다.(2~3번 사진)
바늘을 잡지 않은 손의 검지나 중지는 아랫면에서 받히고 있다가 바늘이 들어오면 바늘을 위로 밀어주어 땀이 떠지도록 해준다.(4번 사진)

아래로 들어갔다 다시 위로 보내는 방법은 땀이 똑 바르게 되지 않을 경우가 많기 때문에 적당하지 않지만 시접이 겹쳐서 두꺼운 곳은 한땀으로 뜨면 땀이 너무 커지므로 이 방법으로 땀을 뜬다. 대신 땀이 똑바르게 되도록 아래 위를 꼭 확인해 가며 땀을 뜬다.

① 매듭은 당겨서 속으로 숨긴다. 퀼팅은 가운데서 시작하여 바깥쪽으로 진행하는게 좋다.

② 골무에 바늘 귀가 기대지게 잡고 땀 뜰 위치에 바늘을 비스듬히 놓는다.(아직 찌르지는 않는다.)

③ 손을 90°정도 기울여 바늘을 찌른다.

④ 아래에서 받히고 있던 손가락으로 밀어 한땀 떠지게 한다.

⑤ 3,4번을 반복해서 두 세땀 뜬다. 퀼팅솜의 두께에 따라 다르지만 얇은 경우에는 1cm에 3~4땀, 두꺼운 경우에는 2~3땀 떠지게 뜬다.

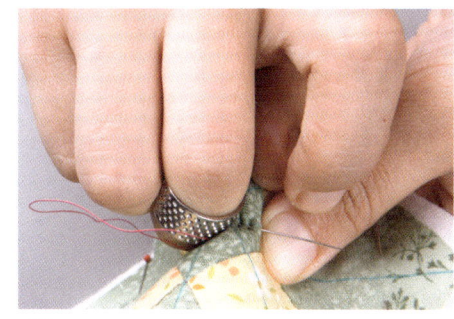

⑥ 골무로 바늘을 끝까지 밀어낸다.

⑦ 퀼팅의 마무리는 한땀 되박음 하면서 실을 뚫고 나오도록 한다. (안감이 있는 경우에는 안감쪽으로 보내 처리하는게 깔끔하다.)

⑧ 바로 옆으로 바늘을 찔러 1.5cm 이상 떨어진 곳으로 나오도록 한 후 실을 자른다.

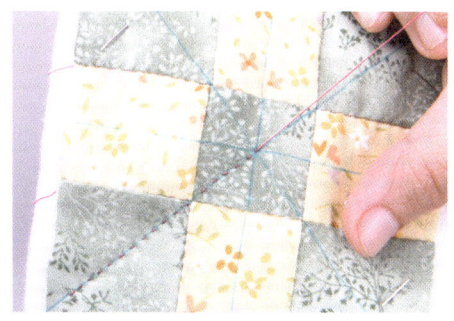

⑨ 다시 가운데에서부터 시작하여 맞은편으로 퀼팅을 진행한다.

Lesson 18 지퍼 달기

지퍼의 중앙과 본체의 중앙을 표시한 후 중앙끼리 맞춰 핀을 꽂은 다음 양쪽으로 핀을 꽂아 나간다.

지퍼를 본체의 안쪽에서 꿰매는 경우

홈질로 꿰매거나 좀 더 튼튼하기를 원하면 반박음질로 꿰맨다.
보통 반박음질은 보이는 땀과 보이지 않는 땀의 간격을 비슷하게 뜨지만 지퍼를 꿰맬 때는 보이는 땀을 작게(2mm를 넘지 않게) 뜬다.(3번 사진)

예: 고양이 동전지갑

① 지퍼 중앙과 본체 중앙을 맞춰 핀을 꽂는다. 이때 지퍼 쇠끝과 본체의 끝이 나란하도록 맞춘다. (사진은 위에서 찍어 본체가 튀어나와 보이나 실제로는 끝이 나란하도록 맞춘다.)

② 중앙에서 바깥쪽으로 핀을 꽂아 나간다. 탱탱하게 꽂아야 울지 않는다.

③ 쇠끝에서 6~7mm 띄운 위치를 반박음한다. 보이는 땀이 2mm를 넘지 않도록 뜬다.

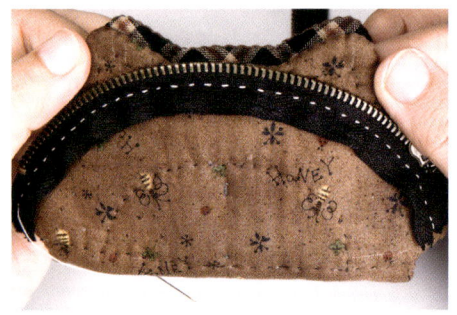

④ 반박음질을 끝낸 모습

⑤ 지퍼 아래는 들뜨지 않도록 홈질로 정리한다.

⑥ 반대편 지퍼의 중앙과 본체의 중앙을 맞춰 중앙에만 먼저 핀을 꽂는다.

⑦ 지퍼장식이 본체 바깥쪽으로 향하도록 정리한다.

⑧ 양 끝부분이 각각 반대편 꿰맴쪽과 같도록 맞춰 핀을 꽂는다.

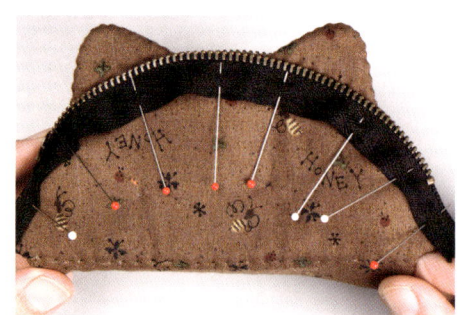

⑨ 나머지 사이에도 핀을 꽂은 후 3~5의 방법으로 지퍼를 꿰맨다.

지퍼를 본체의 바깥쪽에서 꿰매는 경우

지퍼를 겉쪽에서 꿰맬 때는 공그르기로 꿰맨다. 시작과 끝은 튼튼하게 되박음한다.
본체 끝에서 각각 7mm는 꿰매지 않는다.

예: 도장지갑

① 중앙끼리 맞춰 핀을 꽂는다. 지퍼 쇠끝에서 5mm 내려 온 곳과 본체 끝을 맞춘다.
중앙에서 바깥쪽으로 핀을 꽂아 나온다.

② 끝에서 7mm 띄운 곳부터 공그르기한다. 시작부분은 튼튼하도록 되박음한다. 사진에는 실이 보이나 쭈글거리지 않을 정도로 당겨서 안보이게 한다.

③ 끝부분에서 7mm 떨어진 곳까지만 공그르기하고 마무리한다.

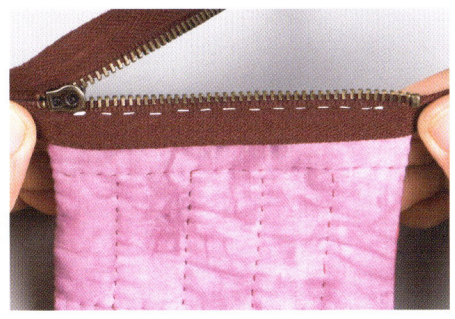

④ 안쪽이 보이도록 돌려 놓는다.

⑤ 핀을 꽂는다. 지퍼가 맞물려 있지 않은 쪽은 90° 되게 꺾어 놓고 핀을 꽂는다.

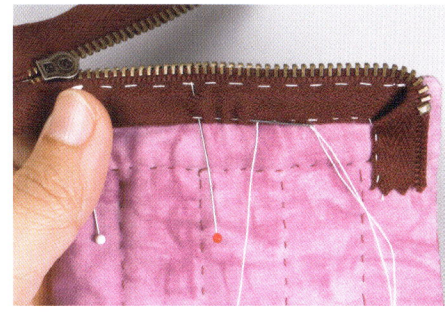

⑥ 지퍼 아래를 홈질로 정리한다.

⑦ 반대쪽 지퍼는 다시 겉면이 보이는 상태에서 먼저 끝과 끝을 맞춰 핀을 꽂는다.

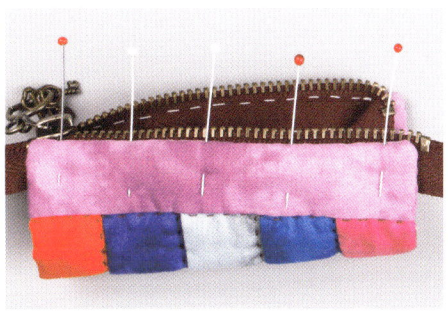

⑧ 나머지도 핀을 꽂은 후 2~3번과 같은 방법으로 공그르기 한다.

⑨ 안이 보이도록 놓고 5~6과 같은 방법으로 지퍼 아래를 정리한다.

Lesson 19 밑쪽 꿰매기

가방이나 파우치의 밑이 생기도록 만드는 작업으로 빈번히 사용되는 방법이다.
이책에서는 도장지갑, 바네 미니백, 바네 동전지갑, 보넷걸 & 보넷천사 프레임 파우치에서 이 방법을 사용하였다.

1. 옆면을 꿰맨 후 안감이 보이는 상태로 놓고 밑폭을 만든다.(밑폭을 꿰맨 후 겉으로 뒤집는다)

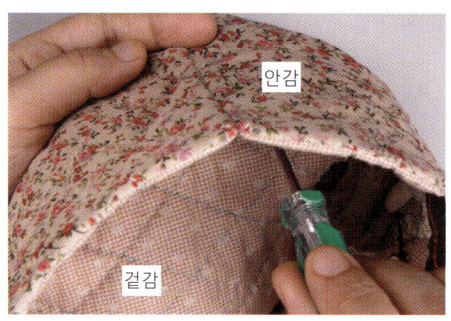

2. 손가락이나 드라이버를 속으로 넣고 훑어 가며 3의 사진처럼 삼각형이 되게 모양을 정리한다.

3. 사진처럼 손가락이나 일자 드라이버를 속으로 넣고 훑는다. 옆 연결선과 밑중앙이 만나도록 (옆 연결선이 중앙에 오도록) 모양을 잡는다.

4. 시접자의 직각 맞추는 선을 옆 연결선에 맞춰 올려놓고 양쪽 폭을 잰다. 자를 위,아래로 이동시키며 원하는 폭이 되는 곳을 찾는다.

5. 원하는 폭이 되는 곳을 찾으면 선을 긋는다.

6. 그린 선을 튼튼하게 반박음질하고 삼각형부분을 옆면으로 젖혀놓고 공그르기나 감침질로 붙인다. 상황에 따라서 밑면쪽으로 붙일 때도 있다.

Lesson 20 싸개단추 만들기

싸개단추는 장식용으로 많이 쓰인다. 싸개 전용으로 나오는 프라스틱도 있으며 단추를 이용하기도 한다.
천은 싸고자 하는 단추의 두께가 얇은 경우에는 0.8~1cm 정도의 여유분을 두고 두께가 두꺼운 경우에는 여유분을 좀 더 두어 재단한다.

1. 싸고자 하는 것보다 여유분를 두어 천을 재단한다.

2. 주위를 홈질한다. 끝에서는 땀을 조절해 처음 땀과 나란하도록 두땀 정도 더 뜬다.

3. 단추의 볼록한 부분이 아래로 향하도록 얹는다.

4. 잡아 당긴 후 느슨해지지 않도록 왔다 갔다 땀을 뜬 후 마무리한다.

Lesson 21 핸들 달기

핸들 위치에 시침을 대충 해놓고 핸들 색과 가장 비슷한 실 2겹으로 꿰맨다.

바로 옆 구멍으로 들어갔다 나왔다 하여 홈질처럼 보이게 꿰맨 후
다시 되돌아 오면서 반대로 들어갔다 나왔다하여 박음질처럼 채운다.
(Lesson 22 Frame 꿰매는 방법과 비슷)

핸들을 꿰매고 나면 안감쪽에 떠신 땀은 늘쑥 날쑥되기 쉽다.
너무 보기 싫은 경우에 안감천으로 땀이 보이지 않게 덧대어 공그르기를 한다.

속에 덧대는 것이 따로 있는 핸들의 경우에는 덧대는 것을 6번 단계에서부터 사용한다.
덧대는 것에는 홈질처럼만 보이게 된다.

예 : Flying Geese 휠백

1. 꿰맬 위치에 얹은 후 시침한다. 아래에서 핸들 옆으로 바늘을 뺀 후 핸들 구멍으로 들어간다.

2. 끝에서 세구멍은 시침하지 않는다. 시작과 끝만 두번 꿰매고 나머지는 듬성 듬성 시침한다.

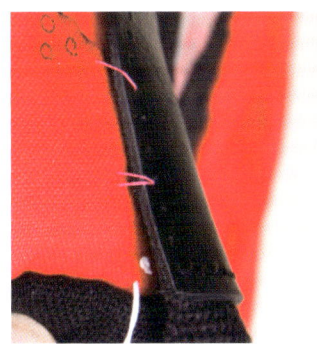

3. 실 두겹에 매듭을 지은 후 핸들에 가려지는 곳에서 땀을 떠서 핸들의 마지막 구멍 아래로 뺀다.

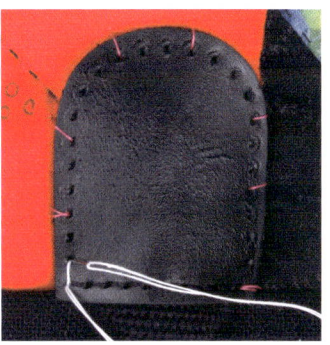

4. 마지막 구멍으로 나온 후 바로 옆 구멍으로 들어간다. 한번 더 땀이 보이게 반복한다.

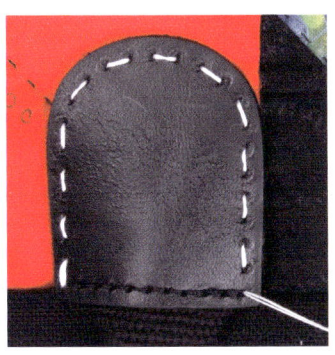

5. 바로 옆구멍으로 나왔다 들어갔다 하여 끝구멍까지 간다. 시침했던 실은 풀면서 지나간다.

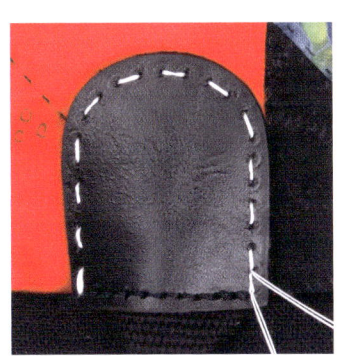

6. 끝에서도 처음처럼 두번 땀이 보이도록 반복한다.

7. 되돌아 오면서 반대로 들어갔다 나왔다하여 끝까지 간 후 끝에서는 바늘을 안감쪽으로 보낸다.

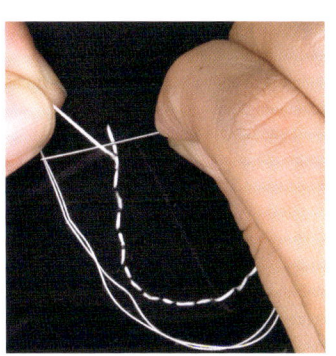

8. 안쪽에서 매듭을 짓고 매듭은 천 사이로 숨기고 마무리한다.

Lesson 22 프레임 달기

프레임을 끼워 넣을 때는 납작한 도구(일자드라이버, 작은 가위 끝 등등)를 이용하면 편리하다.

예) 조가비 프레임 동전지갑

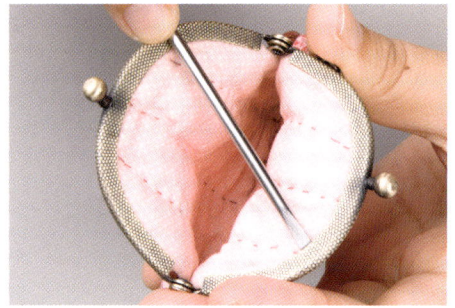

① 프레임에 입구부분을 끼워넣는다. 한쪽으로 쏠리지 않도록 주의한다.

② 중앙 부분을 대충 감침하듯 시침한다.

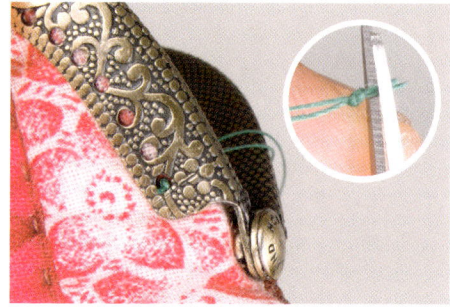

③ 퀼팅실 두겹을 매듭 지은 후 매듭 끝은 짧게 자르고 마지막 구멍으로 바늘을 넣는다.

④ 두번째 구멍으로 바늘을 뺀 후 살짝 당기면 매듭이 눈에 거슬리지는 않는다.

⑤ 튼튼하도록 처음 구멍으로 다시 들어간다.

⑥ 두번째 구멍으로 다시 나온다. (양끝은 이렇게 되박음해서 튼튼하게 해준다.)

⑦ 세번째 구멍으로 들어간다.

⑧ 홈질처럼 들어갔다 나왔다 하며 끝까지 간다.

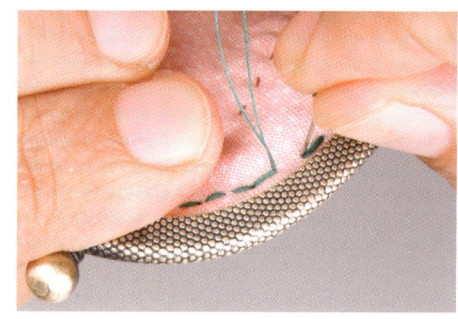

⑨ 끝에서도 되박음 하듯 해준 후 되돌아 올때는 갈때와는 반대로 나왔다 들어갔다 한다.

⑩ 끝까지 온 후 두번째 구멍으로 바늘을 뺀다. 겉에서 매듭을 짓고 그 구멍으로 다시 넣어 당긴 후 실을 자른다.

⑪ 프레임을 꿰맨 겉모습

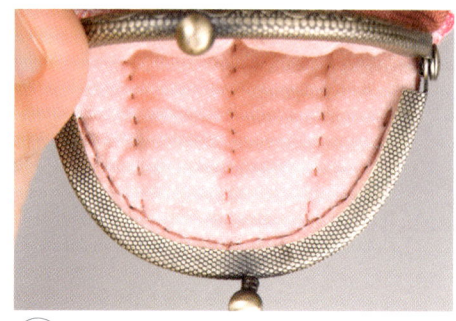

⑫ 안쪽모습. 들어갔다 나왔다 할 때 되도록이면 반듯하게 하면 안쪽에 보이는 땀이 깔끔하다.

사각 프레임은 프레임의 중앙과 프레임이 꿰매질 입구부분의 중앙을 잘 맞춰야 한다. 꿰매는 방법은 라운드 프레임과 동일하다.
예) 보넷걸 프레임 파우치

1 프레임을 꿰맬 보넷걸의 모습

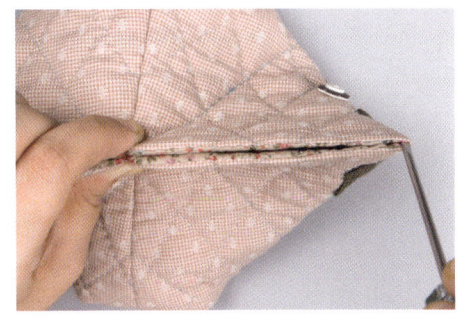
2 옆선을 마주잡고 사진처럼 중심을 정한다. (사진은 일자 드라이버를 이용한 모습)

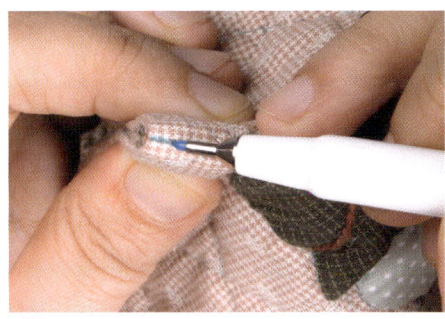
3 수성펜으로 중심을 표시한다. 같은 방법으로 뒷중심도 표시한다.

4 표시해 둔 중심과 프레임의 중심을 맞춰 끼워 넣는다. 납짝한 도구를 이용하면 편하다.

5 안쪽도 프레임에 들어 가도록 끼워 넣는다.

6 중심구멍에서 양쪽으로 4~5구멍 정도를 감침하듯 프레임에 시침한다.

7 앞면 시침 모습. 같은 방법으로 뒷면도 프레임에 끼워 넣고 시침한다.

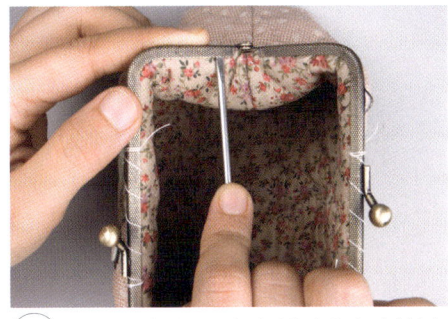
8 양끝을 끼워 넣고 (9번 사진처럼 약간 넉넉하게) 나머지를 프레임에 끼워 넣는다.

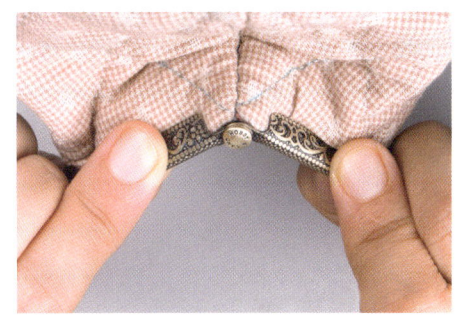
9 양 끝부분을 겉쪽에서 본 모습. (프레임에서 자꾸 빠져 나오거나 하면 시침을 대충 해둔다.)

10 매듭을 짓고 매듭 끝은 짧게 자른 후 마지막 구멍으로 바늘을 넣어 안쪽으로 들어간다.

11 두번째 구멍으로 바늘을 뺀다. 한번 더 마지막 구멍으로 들어갔다가 두번째 구멍으로 나온다.

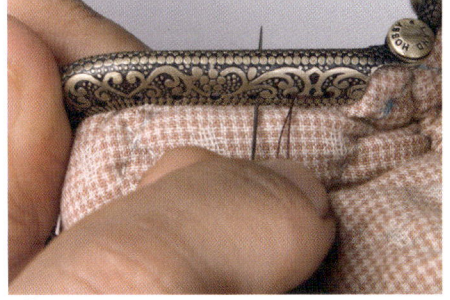
12 처음만 되박음처럼 해주고 나머지는 홈질처럼 들어갔다 나왔다 하며 끝까지 간다.

13 끝도 되박음 해준다. 돌아오면서 갈 때와는 반대로 들어갔다 나왔다 하면 박음질처럼 된다.

14 끝까지 채운 후 두번째 구멍으로 나온다음 매듭을 짓는다.

15 매듭 지은 후 다시 그 구멍으로 들어가며 매듭 잘 보이지는 않는다. 실은 안쪽에서 짧게 자른다.

Lesson 23 바인딩으로 마무리하기

바인딩에는 바이어스방향(실가닥에 45°방향)을 사용하는게 가장 이상적이나 직선을 바인딩하는 경우(쿠션,이불,가방입구 등)는 푸서방향을 쓰기도 한다. 그러나 곡선을 포함한 바인딩에는 무조건 정바이어스를 사용하여야 한다. 재단하는 폭은 원하는 바인딩 폭의 5배로 재단한다. 가장 일반적인 바이어스는 접히는 선이 0.7cm (완성 두께는 0.8cm 정도 되는)로 천은 3.5cm 폭으로 자른다. 다음은 가장 일반적인 정바이어스를 재단하는 방법이다.

정바이어스 재단하기

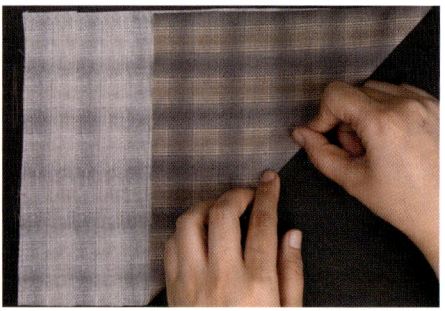
① 사진처럼 접으면 45°방향을 표시 할 수 있다. 꾹꾹 눌러 자국을 낸다.

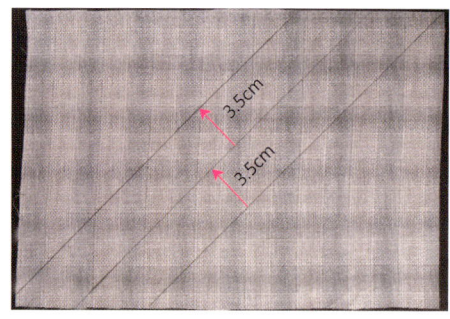
② 자국낸 선을 그리고 시접자로 3.5cm 간격의 선을 필요한 갯수만큼 그린 후 재단한다.

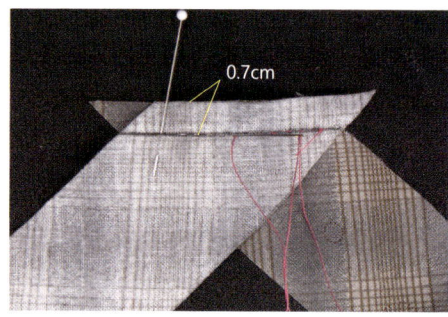
③ 사진처럼 연결한다.

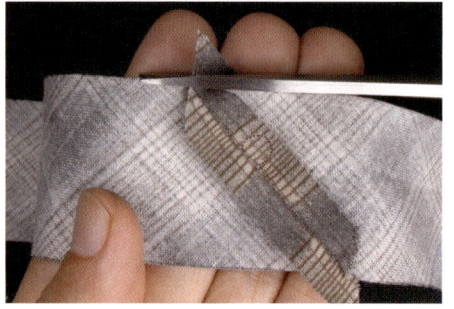
④ 시접은 양쪽으로 가르고 위, 아래로 튀어 나온 곳은 정리한다.

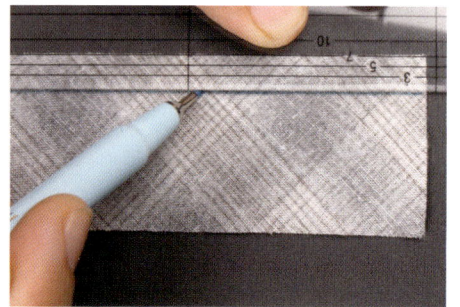
⑤ 한쪽에 0.7cm 선을 그린다.

양쪽에 0.7cm 선을 접어 주는 바이어스 메이커란 도구도 있으나 이 예에서처럼 0.7cm 선을 그려서 꿰매고 뒤집어 안쪽에서 0.7cm 접어가며 공그르기하는 방법도 익숙해지면 편하다.

각이 진곳 바인딩하는 방법

각진 코너는 쿠션,이불,지갑등 여러 곳에 있으므로 꼭 익혀두어야 하는 바인딩 방법이다.

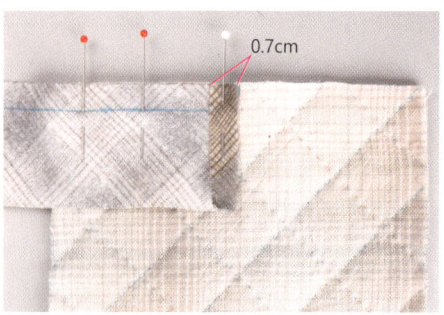
① 0.7cm 접고 핀을 꽂는다. (바인딩용 천은 재단 후 한쪽에 0.7cm 선을 그려서 사용한다.)

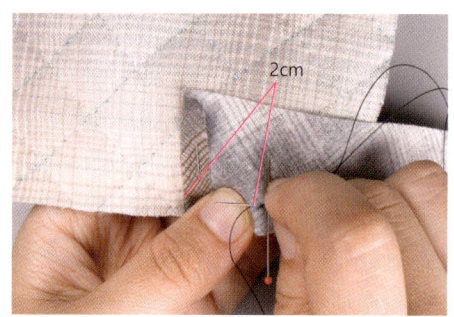
② 2cm 남겨 놓고 꿰매기 시작하는데 처음에는 사진처럼 잡고 되박음해서 튼튼하도록 꿰맨다.

③ 코너에서 0.7cm 전까지 반박음질로 꿰맨다. 마지막에는 한땀 뒤로 바늘을 빼놓는다.

④ 사진처럼 바인딩용 천 겉이 보이도록 꺾는다. (본체 끝과 바인딩 천의 끝을 나란히 맞춘다.)

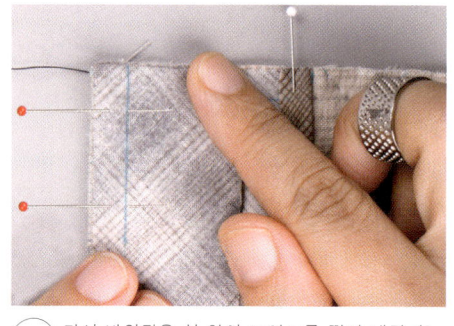
⑤ 다시 바인딩용 천 안이 보이도록 꺾어 내린 후 핀을 꽂는다.

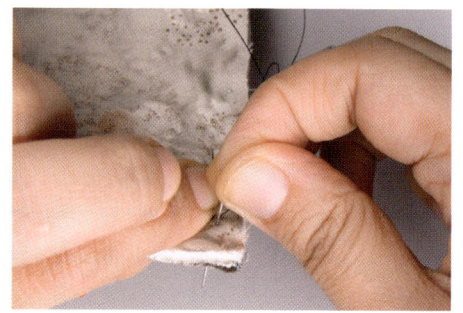
⑥ 밑으로 뽑아 놨던 바늘을 위로 보낸다. (0.7cm 그려진 선에 맞춰 나온다.)

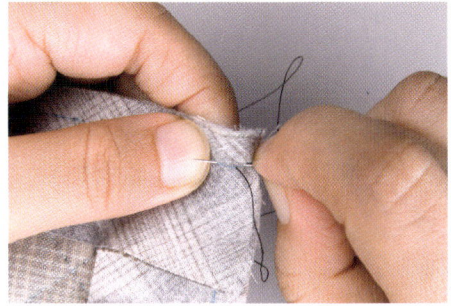

⑦ 다시 반박음질로 꿰매기 시작한다. 각 코너는 3~6 난계를 반복하여 꿰맨다.

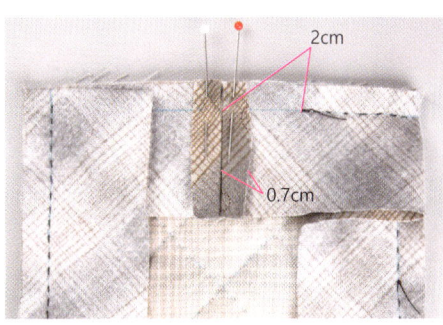

⑧ 처음 접었던 곳에서 2cm 띄운 곳까지만 꿰매고 처음과 맞춰 접은 후 0.7cm 남기고 자른다.

⑨ 끝부분끼리 맞춰 핀을 꽂은 후 꿰맨다.

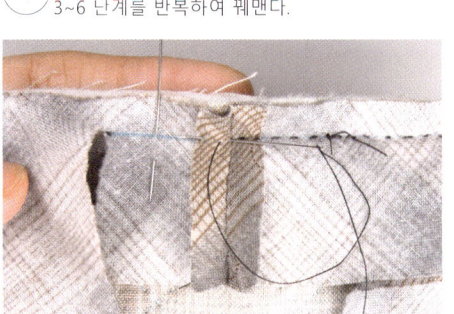

⑩ 시접은 양쪽으로 가른 후 꿰매지 않았던 곳을 마저 꿰맨다.

⑪ 바인딩용 천의 겉이 보이도록 젖혀 손으로 훑어가며 정리한다.

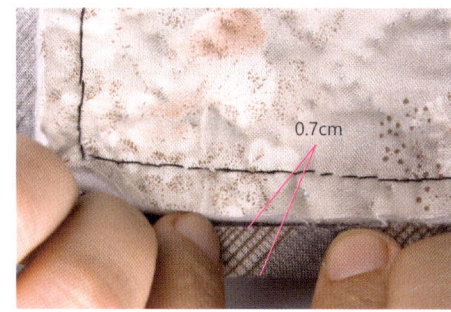

⑫ 안감이 보이는 상태로 돌려 놓고 바인딩용 천을 0.7cm씩 접어가며 손자국을 낸다.

⑬ 코너 부분도 0.7cm 접어가며 손자국을 낸다.

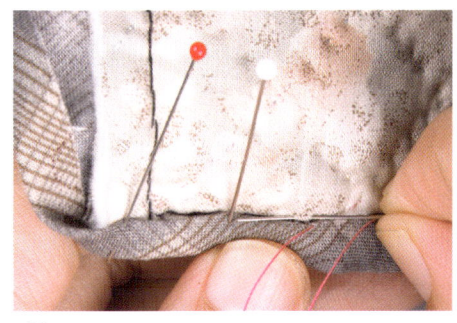

⑭ 접힌 부분이 바느질 선을 살짝 가리도록 핀을 꽂은 후 공그르기한다.

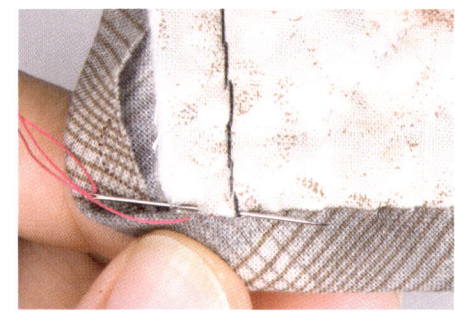

⑮ 거의 끝까지 공그르기한 후 바늘을 사진처럼 모퉁이로 나오도록 뺀다.

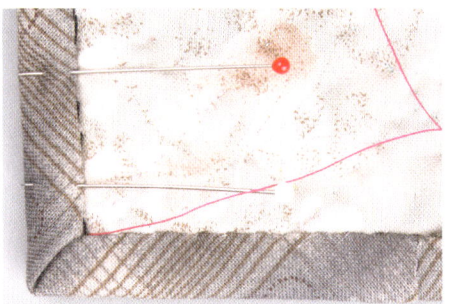

⑯ 같은 방법으로 핀을 꽂는다.

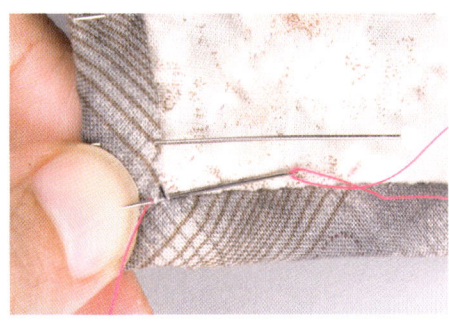

⑰ 모서리를 두번 감침한 후 공그르기를 진행한다.

둥근 곳 바인딩하는 방법

처음과 끝은 각이 진 곳 처리 하는 방법과 같다.

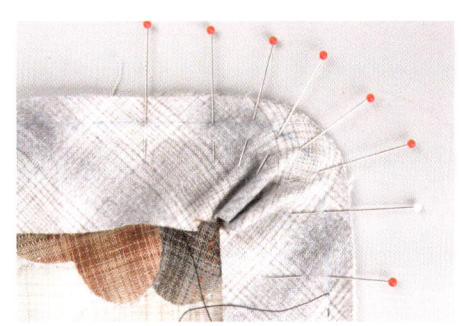

바인딩 천을 바깥쪽에 맞춰가며 핀을 촘촘히 꽂는다.
(이때 안쪽은 쭈글거리며 여유가 있는 상태)

뒤집어 안쪽에서 0.7cm 접어가며 손자국을 낸 후 바느질 선을 살짝 가리게 핀을 꽂고 공그르기한다.

Chapter 4

Let's Make

나만의 예쁜 작품 만들어 보아요.

01. 재단보드 겸용 미니 다리미판

한쪽면에는 사포를 붙여 재단시 천이 미끄러지지 않게 해주고
반대쪽에는 다림질판으로 사용할 수 있게 만들어
늘 가까이 두고 사용하게 되는 실용 만점 아이템~~

이렇게 만들었어요~

♥ **필요한 재료**
무늬천 35 x 30cm ·· 하드보드 4절지 2장(또는 2절지 1장) ·· 종이사포(200번 이상)
단면 접착 퀼팅솜(4온스) ·· 넓은 스카치 테잎 ·· 양면테잎 15mm폭

♥ **완성크기**
가로 29cm x 세로 24cm x 높이 0.8cm

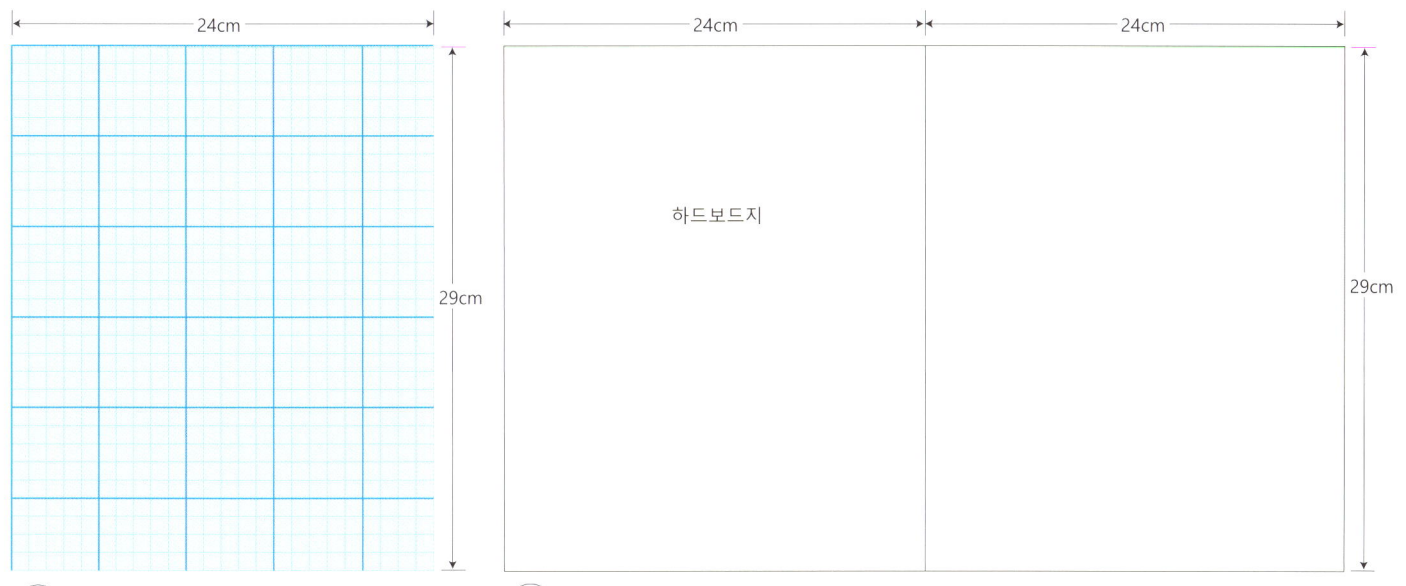

① 모눈 마분지(방안대지)를 24x29cm로 오려 실물본을 만든다.

② 하드보드지에 실물본을 두번 이어 그린 후 외곽선만 먼저 오린다. 가운데 선은 3번 사진처럼 완전히 자르지는 말고 약간 남겨두고 자른 후 반 접어 두겹이 되게 한다.

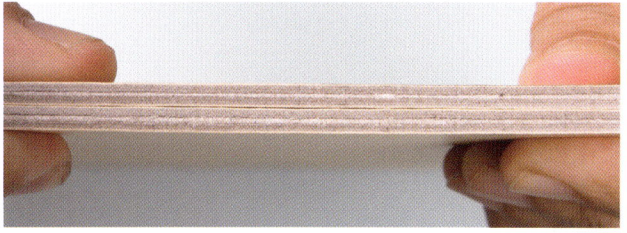

③ 완전히 자르지 않은 상태. 완전히 잘라도 상관 없으나 포개서 사용할 것이므로 완전히 자르지 않는 것이 낫다.

④ 2를 한번 더 해 24 x 29cm짜리가 총 4겹이 되도록 포갠다. 보드와 보드 사이에는 고체풀이나 양면테잎으로 대충 고정 시킨다.

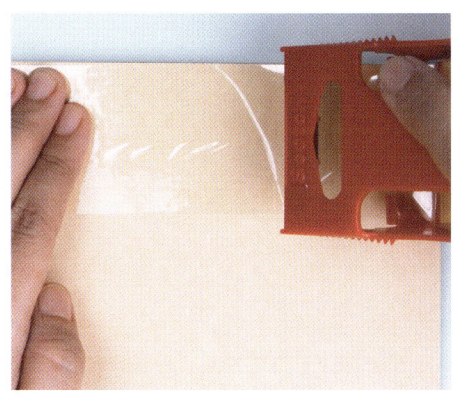

⑤ 4겹으로 겹쳐있는 보드를 빙 둘러 스카치테잎을 붙인다. 약간씩 겹치게 해서 나머지 면도 채운다. (다림질시 습기가 보드에 침투하지 못하게 하기 위한 작업)

⑥ 양쪽면을 모두 스카치 테잎으로 채운 모습

⑦ 테두리에 양면테잎을 빙 둘러 붙인다. 재단용 사포를 붙일면에만 작업한다.

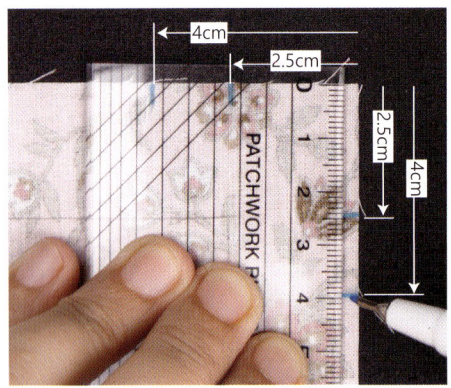

8. 천의 안쪽에 실물본을 그린 후 시접 2.5cm씩 남기고 자른다음 각 코너에서 2.5cm, 4cm 띄운 위치를 표시한다.

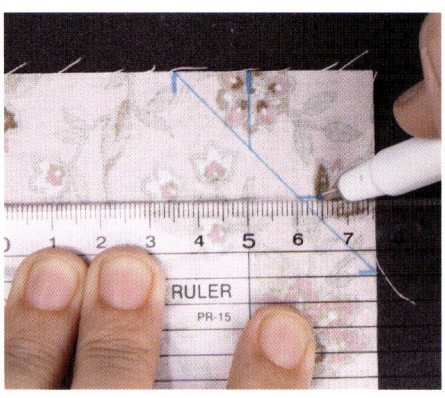

9. 4cm 표시한 곳끼리 연결한 후 사진에서 처럼 2.5cm 표시한 곳과 완성선을 맞춰 선을 그린다.

10. 네 귀퉁이에 같은 방법으로 선을 그린다.

11. 삼각형을 오려낸다. (귀퉁이를 접을 때 덜 겹치도록 하기 위해 오려낸다.)

12. 실물본 크기대로 자른 접착 퀼팅솜을 완성선에 맞춰 접착면이 천 안쪽에 놓이도록 올려 놓는다.

13. 조심스럽게 천과 접착솜을 돌려 놓고 천쪽에서 다림질하여 접착솜을 천에 붙인다.

14. 다시 퀼팅솜이 보이도록 돌려 놓고 퀼팅솜 위에 7에서 만든 보드를 완성선에 잘 맞춰 얹은 후 양면테잎의 종이만 떼어 낸다.

15. 위, 아래 천을 보드에 붙인 후 양옆을 붙인다. 중앙부터 바깥쪽으로 붙여 나간다.

16. 천을 붙인 모습. (귀퉁이만 붙여지지 않은 채로 남아 있음)

⑰ 사진처럼 한쪽 귀퉁이 천을 접는다.

⑱ 맞은편도 접는다.

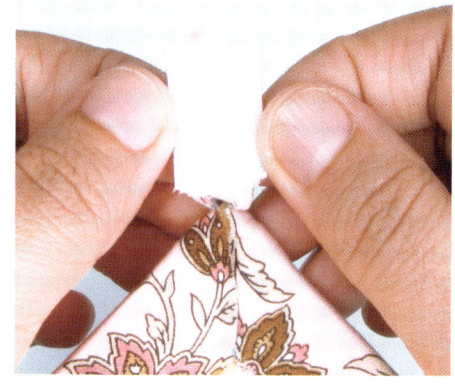

⑲ 그 위에 양면 테잎을 붙인다. (정확하지 않아도 상관 없음)

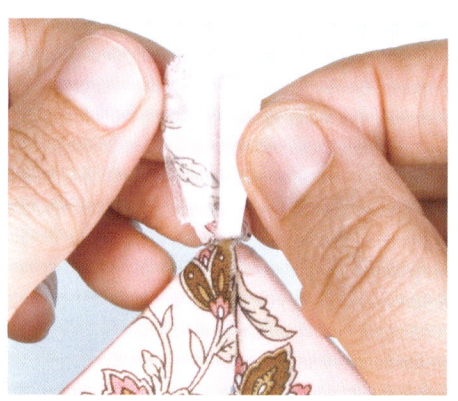

⑳ 양면테잎의 종이만 떼어낸다.

㉑ 양끝에 삐죽 나온 양면 테잎은 안쪽으로 꺾어 붙인다.

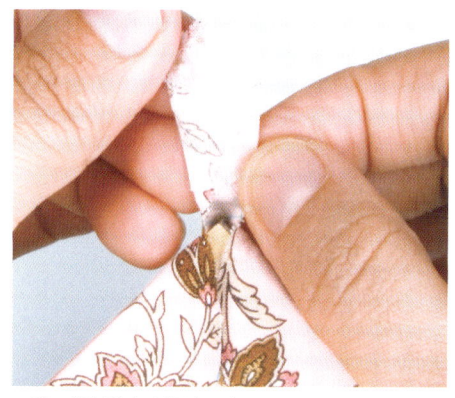

㉒ 테잎 정리가 끝난 모습.

㉓ 귀퉁이를 사진처럼 중앙에 눌러 붙인다. 같은 방법으로 네 귀퉁이를 처리한다.

㉔ 사포의 뒷면 가장자리에 양면테잎을 붙인 다음 양면테잎의 종이만 떼어 낸다.

㉕ 23에서 만든 것 위에 24에서 만든 사포를 중앙 맞춰 올려 놓고 지긋이 눌러가며 고정시킨다.

02. 요요 나무집게

자투리천으로 만들어 더더욱 매력적인 요요.

요요의 변신은 끝이 없다.
똑딱핀을 만들어도, 아이들 옷에 군데군데 꿰매주어도 예쁘다.
하나 둘씩 만들어 두었다가 주렁주렁 발을 만들거나
테이블 덮개나 매트를 만들 수도 있다.

부엌 창가에 간단한 가리개를 만들고
끝자락에 요요를 가지런히 달아도 멋스럽다.

옆 사진처럼 지퍼 끝 정리에 사용해도 너무 잘 어울린다.

간단하면서도 매력적인 아이템 요요에 한번 빠져보자~

이렇게 만들었어요~

♥ **필요한 재료**
조각천‥나무집게(약 0.7x4.8cm)‥구슬 4mm 또는 단추‥글루건 또는 본드

♥ **완성크기**
요요 완성크기(지름 약 2.5cm) 실물본 A면

시판되는 요요 플레이트는 편하기는 하지만 완성크기가 정해져 있으므로 여기서는 원하는 크기를 마음대로 만들 수 있는 기존의 방법으로 만들어 본다.
샘플에서는 길이 4.8cm정도 되는 나무집게와 지름 5cm인 원을 사용하였으나 다양한 종류의 나무집게가 있으므로 요요의 크기도 다양하게 만들어 보자.

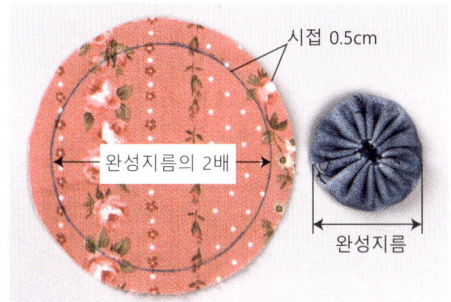
① 완성지름x2 되는 원을 사용하여 천 겉에 그린 후 시접 0.5cm를 남겨두고 자른다. (주위에 있는 무수한 원들이 요요의 실물본이 될 수 있다.)

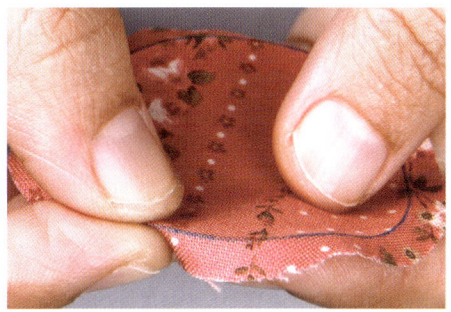
② 그려진 선을 따라 엄지와 검지로 꾹꾹 눌러 손자국을 낸다.

③ 매듭이 보이지 않도록 안에서 밖으로 바늘을 뺀 후 시접 부분을 접어가며 5mm 간격으로 홈질한다. 되도록이면 완성선 가까이 땀을 뜬다.

④ 원 둘레를 돌아가며 홈질하여 시작부분과 겹치게 두땀 정도 더 뜬다. 이때 두번째 사진처럼 시작 부분의 땀과 엇갈리면 예쁘게 완성되지 않으므로 시작 부분의 땀과 나란하게 겹쳐질 수 있도록 땀 조절을 한다.

뒷면모습

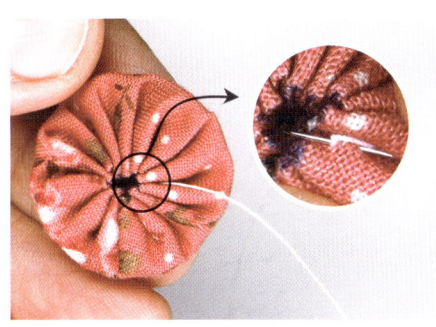
⑤ 모양을 잡아가며 실을 당긴다. 당긴 후 골짜기를 이용해 마무리하면 요요 완성. 중심에 구슬이나 장식단추를 꿰매 포인트를 주어도 좋다.

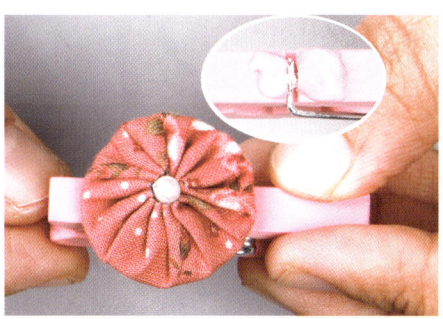
⑥ 글루건이나 본드를 이용해 집게에 요요를 붙인다. (글루건은 빨리 굳으므로 신속하게 작업한다)

지퍼 끝 정리
지름 5cm(시접 0.5cm포함)로 만든 요요와 5mm 진주 사용

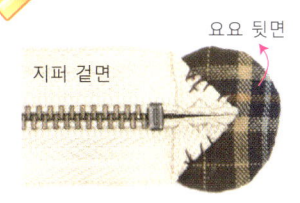
① 요요의 뒷면 위에 지퍼의 끝을 대충 접어 꿰매준다.

② 그 위에 요요를 포개놓고 공그르기로 붙인다.

③ 공그르기로 붙인 모습

④ 겉쪽인 요요에 진주나 단추로 장식한다. (5mm 진주 사용)

03. 포패치 컵받침

퀼트의 기본 중에 기본 포 패치
기본도 다지고 주방에 꼭 필요한 소품도 만들어요.

집게는 앞에서 만들었던
요요 나무집게의 중심에
9mm 야자단추를 꿰매주었어요~

이렇게 만들었어요~

♥ **필요한 재료**
조각천 4종‥뒷감‥퀼팅솜(2온스 단면 접착)

♥ **완성크기**
9cm x 9cm (나무집게 제외)   실물본 A면

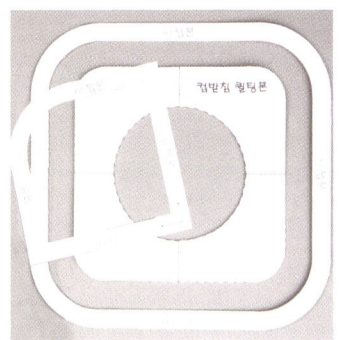
① 실물본을 만든다.

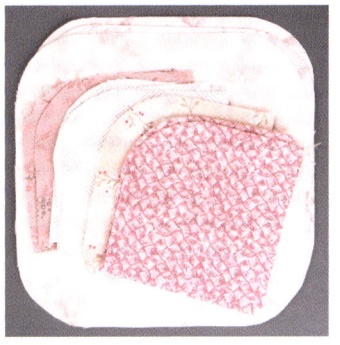
② 조각과 뒷면을 천 안에 그려서 재단한다. (본에 시접 포함)

③ 조각천들을 배치한 후 핀을 꽂고 꿰맨다.

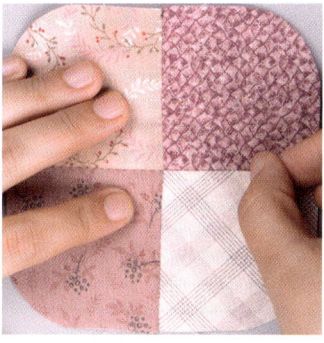
④ 탑(Top) 완성. 바람개비 시접으로 넘긴다.

⑤ 퀼팅솜의 접착면 위에 탑 겉이 보이도록 얹는다.

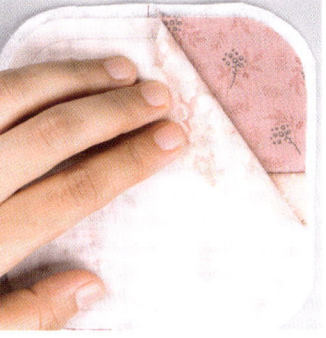
⑥ 그위에 안감 안이 보이게 포갠다. (탑의 겉과 안감의 겉이 마주보게)

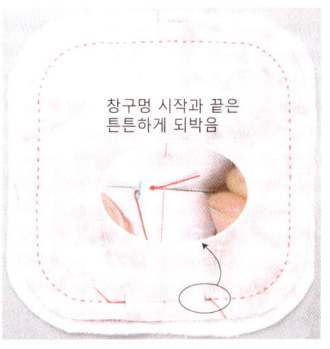
⑦ 안감과 탑을 잘 맞춰 핀을 꽂고 창구멍을 남기고 꿰맨다.

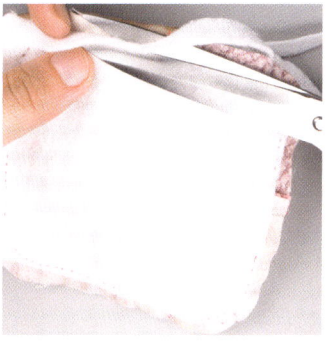
⑧ 퀼팅솜을 꿰맨 곳 가까이(완성선) 잘라낸다.

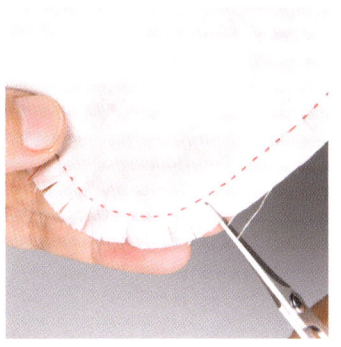
⑨ 곡선부분에 가윗집을 준다.

⑩ 창구멍은 모양이 잘 잡히도록 꺾어 눌러 준다.

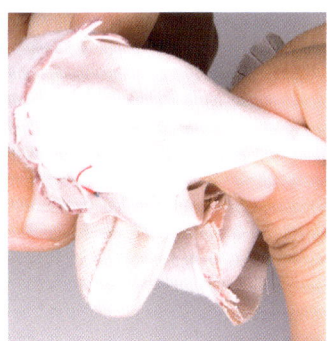
⑪ 겉으로 뒤집는다.

⑫ 모양을 정리한 후 창구멍은 공그르기하여 막는다.

⑬ 접착이 되도록 다림질한다. (일반 퀼팅솜은 다리지 않는다.)

⑭ 퀼팅본을 중앙에 올려 놓고 퀼팅선을 그린다.

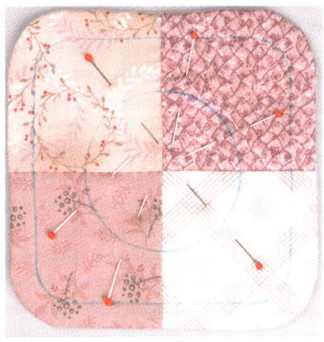
⑮ 시침한다. 작품이 작아 핀으로 시침해도 된다.

⑯ 선따라 퀼팅한후 분무기로 충분히 물을 뿌려 수성펜 선을 지운다.

04. 나인패치 핀쿠션

퀼트 초급 과정에 빠지지 않고 들어가는 9-patch 핀쿠션
퀼트에서 나인패치는 그만큼 중요해요.

완성도

재단하기

조각용 9장 : 3x3cm (시접 0.7cm 따로)
뒷면용 1장 : 9x9cm (시접 0.7cm 따로)

실물본이 주어지지 않고 사이즈로 주어진 경우 재단 Tip
모눈 마분지(방안대지)를 주어진 크기대로 오려서
실물본으로 사용하면 편리하다.

이렇게 만들었어요~

♥ 필요한 재료
조각천 2종‥퀼팅솜(4온스)‥방울솜 또는 구름솜

♥ 완성크기
8cm x 8cm

모두 천 안에 그려서 재단하고 시접은 0.7cm씩 따로 둔다.

1 조각 9장과 뒷면 1장을 재단한다.

2 조각천들을 겉이 보이게 놓고 순서대로 배치한다.

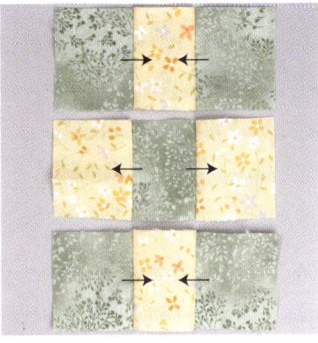
3 각단을 연결한다.(완성선에서 완성까지만 꿰맨다) 시접은 화살 표시대로 넘긴다.

4 이때의 뒷면 모습

5 1단과 2단을 포갠 후 시접이 넘어간 상태로 눌러 꿰맨다. (끝에서 끝까지 꿰맨다.)

6 시접은 각각 바람개비처럼 돌아가게 넘긴다.

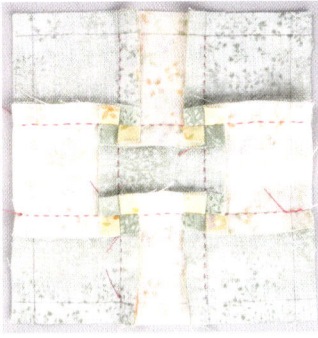
7 같은 방법으로 나머지도 연결하여 탑을 완성한다.(탑의 안쪽 모습)

8 탑 겉면에 퀼팅선을 그린다. 대각선과 가운데 십자를 그린다.

9 퀼팅솜 위에 탑을 놓고 핀으로 군데 군데 시침한다.

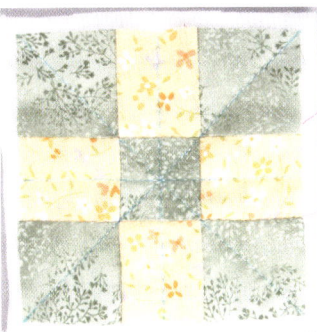
10 중앙에서 바깥쪽으로 퀼팅한다. 끝에서 0.7cm는 퀼팅하지 않는다.

11 퀼팅이 끝난 것 위에 뒷면 안이 보이게 올려 놓는다.

12 탑과 뒷면을 잘맞춰 핀을 꽂은 후 창구멍을 남기고 꿰맨다.

13 퀼팅솜을 꿰맨선(완성선) 가까이 정리한다.

14 코너에 가윗집을 주고 창구멍 모양이 잘 잡히도록 꺾어준다.

15 뒤집어 솜을 채운다.구석진 곳을 잘 채운 후 나머지를 채운다.

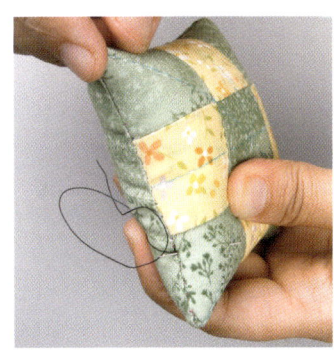
16 창구멍은 공그르기로 막는다.

05. 줄줄이 하트장식

사랑스런 하트
하나 보다는 여러개가 더 예쁩답니다.
작은 하트는 나무 집게에도 잘 어울려요~

이렇게 만들었어요~

♥ 필요한 재료
조각천 3종‥방울솜‥마끈

♥ 완성크기
5개 하트를 연결 했을 때 가로 28cm x 세로 5.5cm (마끈제외)  실물본 A면

바느질 Tip

뒤집어 솜을 채우는 작품의 경우에는 땀을 작게 뜨는 것이 좋다. 1cm 안에 4~5땀 들어가게 뜨도록 한다.
땀을 뜨면서 실을 약간만 당겨 봉긋한 상태(너무 쭈글거리지는 않게)가 되게 해준다. 뒤집어 솜을 채웠을 때 편편하게 뜬 것보다 예쁘다.

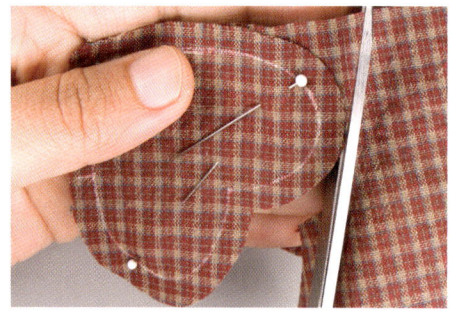

1. 천 안에 본을 그린 후 시접 0.5cm를 남겨두고 한장 자른다. 뒷면 위에 포개(겉면끼리 마주보게) 대충 핀을 꽂은 후 같은 크기로 나머지도 자른다.

2. 창구멍을 남겨두고 꿰맨다. 창구멍 시작과 끝은 튼튼하게 되박음한다.

3. 툭 튀어나온 곳과 쑥 들어간 부분에 가윗집을 준다.

4. 곡선부분에도 3~5mm 간격으로 가윗집을 준다. (창구멍은 가윗집을 주면 안됨)

5. 겉으로 뒤집어 모양을 다듬는다. 쑥 들어간 곳은 중심을 지긋이 잡고 양쪽으로 펴준다.

6. 구석 구석 솜을 채운다. 바깥쪽을 잘 채운 후 안쪽을 채운다.

⑦ 뾰족한 곳은 도구(핀셋,겸자,작은 가위등)를 사용하여 조금씩 여러번 채워야 잘 채워진다.

⑧ 창구멍은 공그르기하여 막는다.

⑨ 하트 완성. 나머지 하트도 같은 방법으로 만든다.

⑩ 하트와 하트를 연결한다. 아랫 부분을 연결하면 하트가 뒤집어지므로 약간 윗부분을 연결한다.

⑪ 양끝 하트에 끈을 감침하여 단다. 마끈 끝은 한번 돌려 묶어 매듭을 만든 후 사용한다.

⑫ 중심 하트에는 리본 모양으로 장식한다.

컨트리풍 하트 리스

일반적인 인형의 경우는 원단의 안쪽에 실물본을 그리고 시접을 0.5cm 정도 두어 재단하지만 컨트리풍으로 만들 경우에는 원단의 겉쪽에 실물본을 그리고 시접은 좀 더 넉넉하게(0.8~1cm) 두어 재단한다.

1. 천의 겉면에 실물본을 그린 후 시접 0.8cm 정도 남겨두고 한장 재단한다.
2. 뒷면천의 안쪽면 위에 포개어(안쪽면끼리 마주댄 상태) 대충 핀을 꽂은 후 같은 크기로 나머지도 재단한다.
3. 창구멍을 남겨두고 꿰맨다. 창구멍 시작과 끝은 튼튼하게 되박음한다. 이때 매듭은 겉으로 드러나지않게 주의한다.
4. 솜을 적당히 채우고 창구멍은 홈질로 마무리한다.
5. 시접부분에 가윗집을 준다. 0.5cm 간격으로 빙둘러가며 가윗집을 준다.(끝에서 0.5cm 안쪽까지 가윗집)
6. 손가락으로 시접부분을 문질문질하여 자연스럽게 올이 풀리도록 하면 하트완성.
7. 줄줄이 하트리스와 비슷한 방법으로 하트를 연결하고 장식한다.

06. 큐티 캣, 큐티 래빗

키링에, 에어팟에, 가방에
여기 저기 매달아 주세요~
수호천사가 되어 줄 꺼예요.
브로치로 활용하셔도 좋아요~~

큐티 캣 재단 방법

앞면 재단방법:
각각 천의 겉쪽에 그린 후 시접 0.5cm를
남겨두고 재단한다.

시접 0.5cm 따로

뒷면 재단방법:
천의 안쪽에 그린 후
시접 0.5cm를 남겨두고 재단한다.
그림처럼 네군데를 표시해 둔다.

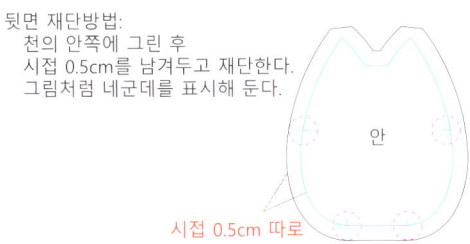

시접 0.5cm 따로

큐티 캣 폰줄용 재료와 재단한 모습

이렇게 만들었어요~

♥ **필요한 재료**
공통 재료 : 조각천 2종··레이스··방울솜··눈 (4mm 2개)··수실··폰줄··고리용 줄
큐티 래빗 : 마끈 약간

♥ **완성크기**
큐티 캣 : 4.5cm x 높이 5.5cm
큐티 래빗 : 4.5cm x 높이 8.4cm

실물본 A면   실물본 C면

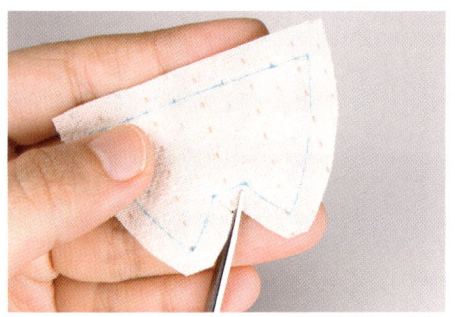
1. 귀와 귀 사이 쏙들어간 곳에 미리 가윗집을 준다. 뒷면도 같은 방법으로 미리 가윗집을 준다.

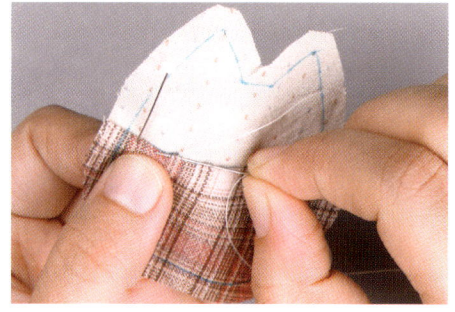
2. 얼굴에 아랫면을 아플리케한다. (공그르기로 연결해도 된다.)

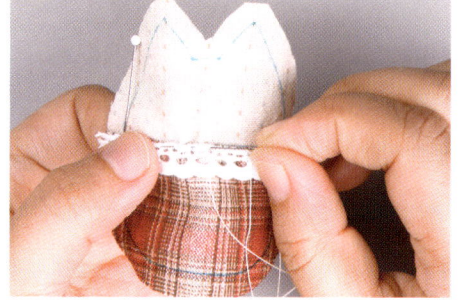
3. 레이스를 꿰맨다.

4. 고리용 줄에 매듭을 지은 후 사진처럼 시침한다.
=> 앞면 완성

5. 앞면과 뒷면을 잘 맞춰 핀을 꽂은 후 창구멍을 남기고 꿰맨다. 귀 끝과 곡선에 가윗집을 준다.

6. 겉으로 뒤집는다.

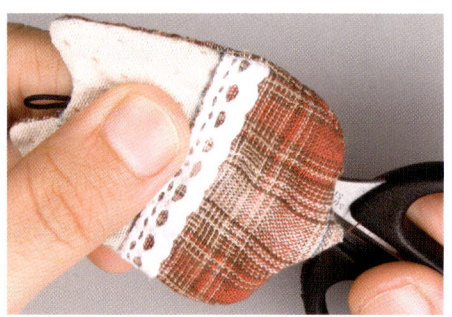
7. 귀 끝은 도구를 이용해 모양을 빼준다.

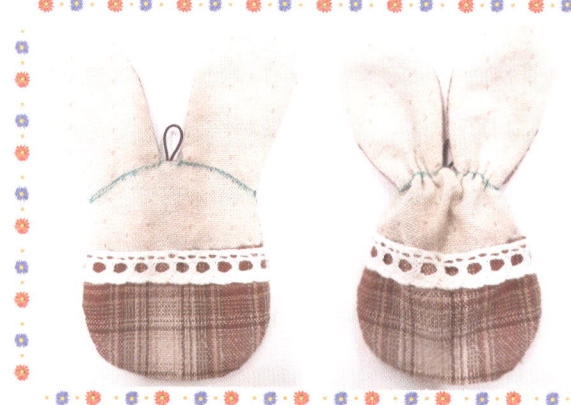

큐티 래빗의 경우

1. 뒤집어 모양을 정리해준 후 수성펜으로 귀와 얼굴 경계선을 살짝 둥글게 그린다.

2. 그린 선을 따라 홈질한 후 실을 잡아당겨 주름을 만든다. (매듭이 빠지지않게 처음과 끝은 땀을 한번씩 더 떠준다.)

8. 방울솜을 구석구석 채운 후 창구멍은 공그르기한다.

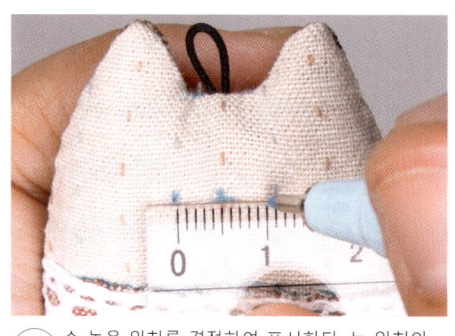
9. 수 놓을 위치를 결정하여 표시한다. 눈 위치와 수 놓는 것에 따라 각기 다른 표정이 된다.

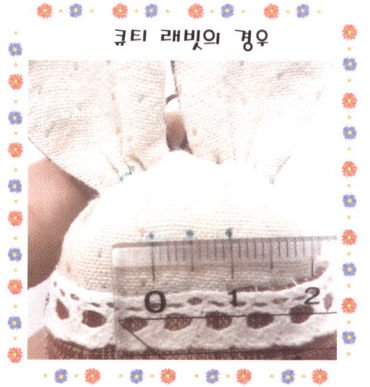
큐티 래빗의 경우

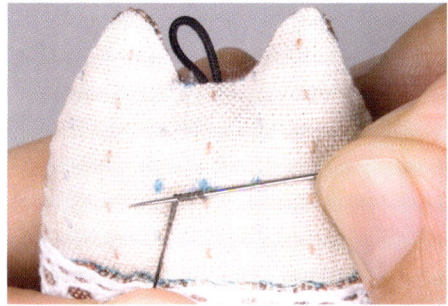

⑩ 코위치로 바늘을 뺀 후 바늘에 실을 4회 감는다.
(수실 두겹 사용)

⑪ 감은 실이 풀리지 않도록 지그시 누르고 바늘을 당기면 매듭이 생긴다.

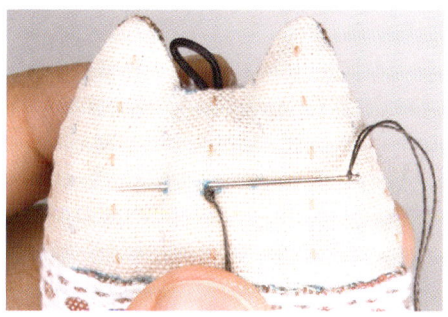

⑫ 바로 옆으로 찔러 중앙 수염 위치로 바늘을 뺀다.

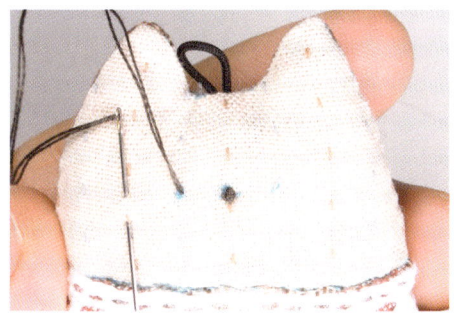

⑬ 길게 한땀이 되게하여 아래 수염위치로 뺀다.

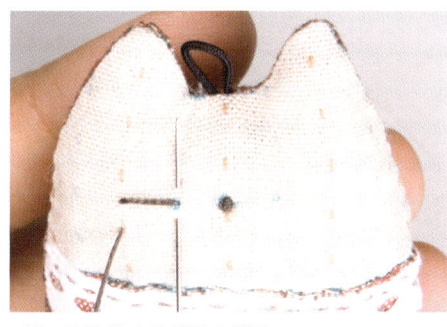

⑭ 다시 윗 수염 위치로 뺀다.

⑮ 맞은편 수염도 같은 방법으로 수 놓는다.

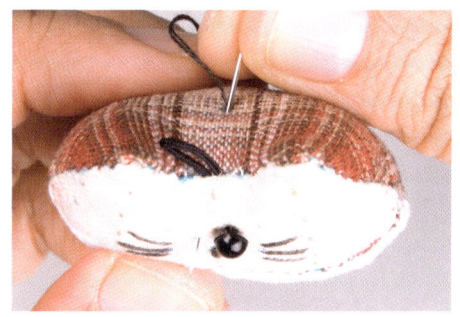

⑯ 눈 위치로 바늘을 뺀 후 눈을 끼우고 뒷면으로 바늘을 뺀다. 바늘이 나온 위치를 잘 찾아 바늘을 다시 앞면으로 보낸다.(뒷면에는 땀이 보이지 않도록 주의한다.)

⑰ 실을 살짝 당겨가며 눈을 단다.

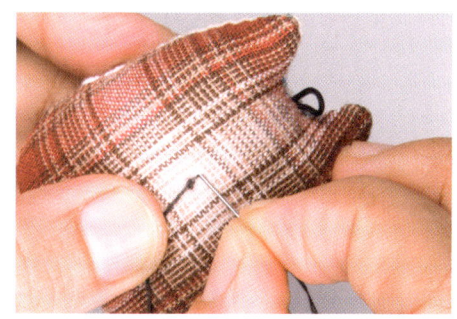

⑱ 뒷면에서 매듭을 지은 후 살짝 당기면 구멍이 생긴다. 그위치로 바늘을 찔러 매듭을 숨긴다.
=> 큐티캣 완성

큐티 래빗의 경우

1. 큐티 캣과 같은 방법으로 수염을 수 놓고 눈을 꿰맨다.
2. 주름잡아 놓은 부분에 마끈을 둘러 묶어주면 완성.

07. 바네 지갑

사용 목적에 따라 세로 길이를 조정해서
짧게도 길게도 만들어 보세요~

사용되는 바네길이에 따라 가로 길이를 조절하시면
다양한 크기의 바네를 사용해 만들어 보실 수 있어요~

바네 미니백과 함께 세트로 만들어도 좋아요~

이렇게 만들었어요~

♥ **필요한 재료**
리넨 2종 각 1/8마‥안감 16x21cm‥바네 (폭 10cm x 높이 1cm)‥토션 레이스 15cm

♥ **완성크기**
가로 12cm x 높이 9cm x 밑폭 3cm

참고
본 샘플은 안쪽면은 도트 무늬이고 반대쪽은 체크 무늬인 양면 리넨을 사용하여
겉과 안의 구분이 잘 안될 수 있어 사진 부분에 천의 안쪽면인지 겉쪽면인지를 표시해 두었다.

실물본 만들기

모눈 마분지(방안대지)에 옆그림처럼
치수대로 표시한 후 오려서
A, B, 안감(전체 크기 : 14x19cm)
바네 통로용 실물본을 각각 만든다.

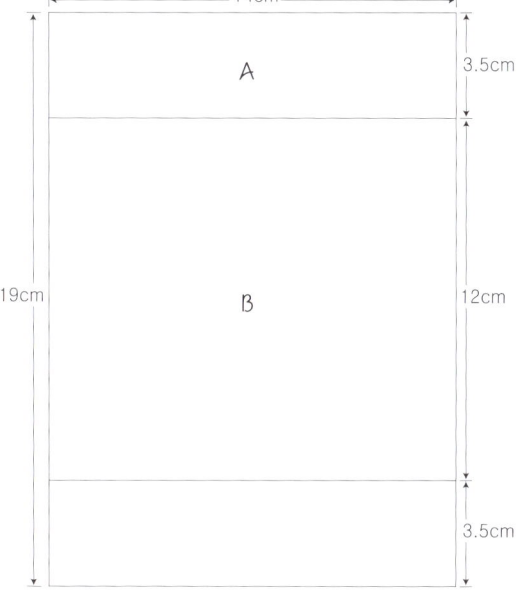

재단하기

모두 천의 안쪽에 그린다
A : 2장 (시접 0.7cm 따로)
B : 1장 (시접 0.7cm 따로)
안감(14x19cm) :1장 (시접 0.7cm 따로)
바네 통로 : 2장 (시접포함)

참고
본 샘플에서는 사선체크로 보이게 하고자
A를 바이어스 방향으로 재단하였으나
일반적인 천은 결 방향으로 재단한다.

바네 통로 만들기

1 실물본 크기대로 재단한 후 천의 겉면에
양끝에서 각각 7mm 띄운 선을 그리고
다시 그 선에서 5mm 띄운 선을 그린다.

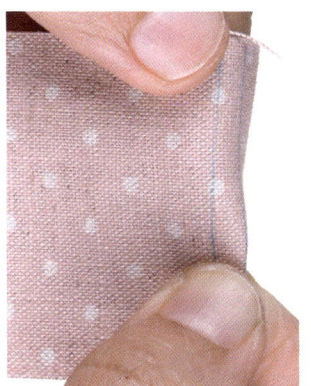
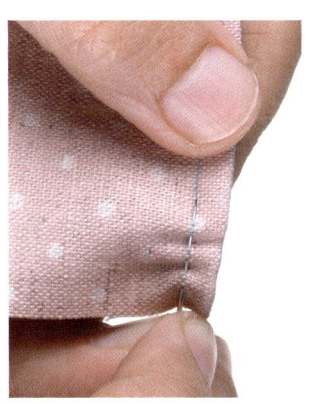
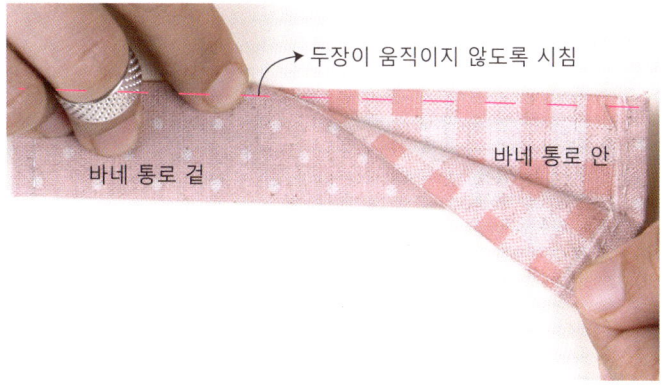

2 7mm 선을 접는다.

3 5mm 선을 홈질한다.

4 안끼리 마주보게 반을 접고 끝부분(분홍선 표시부분)을 시침한다.
=> 바네 통로 완성. 2개 만든다.

두장이 움직이지 않도록 시침

겉면 만들기

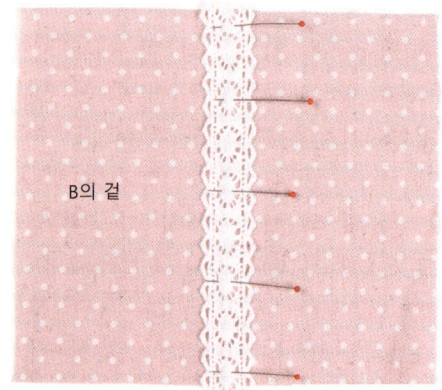

① 실물본 B로 재단한 것의 겉면에 토션 레이스를 중앙에 올려 놓고 핀을 꽂는다. 레이스가 3mm씩 천 끝으로 나오도록 한다.

② 레이스 양쪽을 홈질로 꿰맨다.

③ 레이스를 꿰맨 모습

④ 위, 아래에 실물본 A용 천을 꿰맨다. 시접은 A쪽으로 넘긴다.

⑤ 완성된 탑의 겉 모습

⑥ 탑의 안쪽 모습

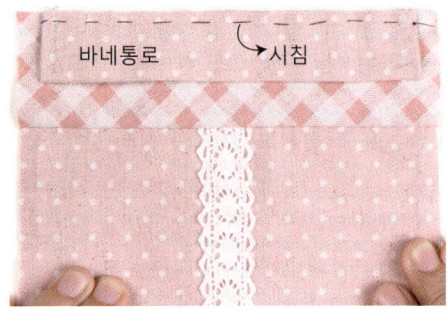

⑦ 만들어 둔 바네 통로를 탑의 위, 아래에 각각 중앙을 잘 맞춰 시침한다.

⑧ 겉끼리 마주보게 반을 접는다.

⑨ 양옆을 잘 맞춰 핀을 꽂는다.

⑩ 양옆을 끝에서 끝까지 꿰맨다.

⑪ 시접은 가름솔로 정리한다. 시접이 두꺼운 부분은 감침으로 정리한다.

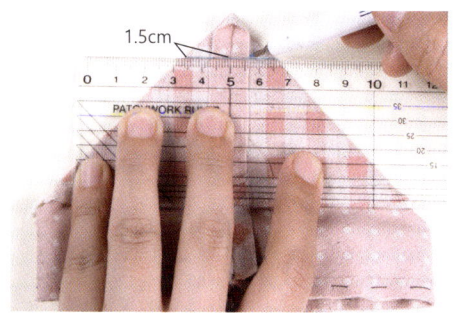

⑫ 옆선과 밑중앙을 맞춰 삼각형이 되도록 놓고 옆선에서 좌우로 1.5cm 되도록 선을 그린다.

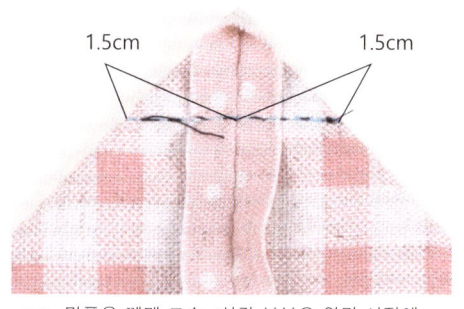

⑬ 밑폭을 꿰맨 모습. (삼각 부분은 옆면 시접에 감침하여 고정시키면 깔끔하다.)

⑭ 겉으로 뒤집는다. => 겉면 완성

안감 만들기

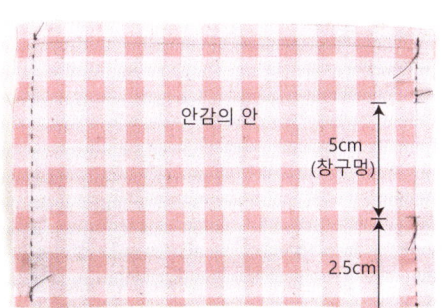

① 안감도 겉끼리 마주보게 반을 접은 후 양옆을 꿰맨다. 이때 한쪽에는 창구멍을 남긴다.

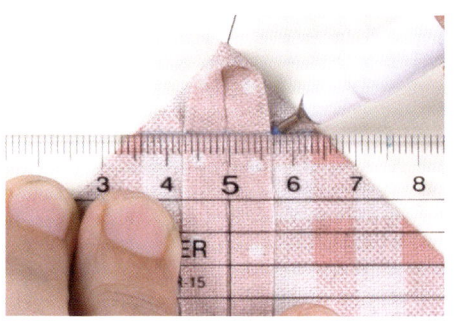

② 시접은 가름솔로 넘기고 밑폭(좌,우 1.5cm씩) 선을 그린다

③ 밑폭을 꿰맨 모습. (삼각 부분은 옆면 시접에 감침하여 고정시키면 깔끔하다.)
=> 안감 완성 (안이 보이는 상태)

본체 완성하기

① 안감에 겉면을 끼워 넣는다.

② 안감과 겉면의 입구부분 옆을 각각 맞춘다.

③ 각각 옆을 맞춰 핀을 꽂은 모습

④ 중앙쯤을 맞춰 핀을 꽂고 나머지도 맞춰가며 핀을 꽂는다.

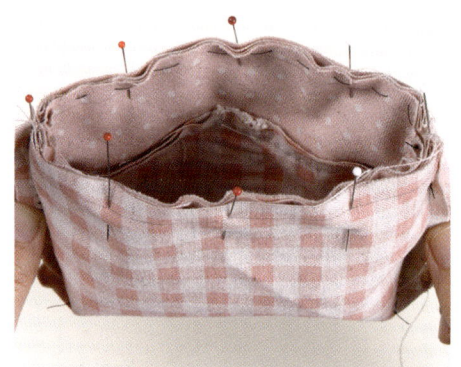

⑤ 입구부분을 맞춰 핀을 꽂은 모습

⑥ 입구부분을 빙 둘러 반박음질로 꿰맨다.

⑦ 안감 옆에 남겨 두었던 창구멍으로 뒤집는다.

⑧ 창구멍은 공그르기로 막는다.

⑨ 안감을 정리하여 겉감 속으로 집어 넣는다.
=> 본체 완성

바네 끼우기

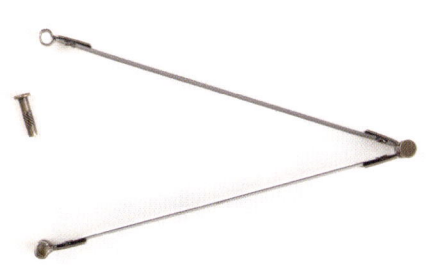

① 바네는 보통 한쪽은 고정 되어 있고 한쪽은 분리 되어 있다. (둘다 고정되어 있으면 한쪽을 분리 시킨다.)

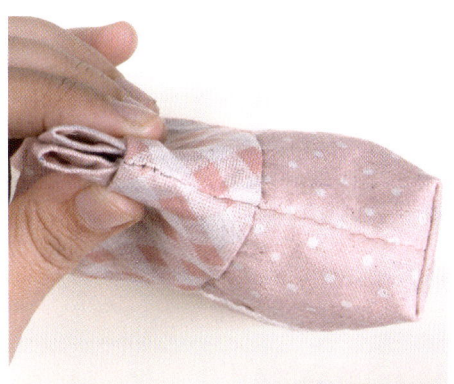

② 바네를 끼울 통로 모습

③ 나란히 들어 가도록 바네를 끼운다.

④ 반대쪽 통로로 뺀다.

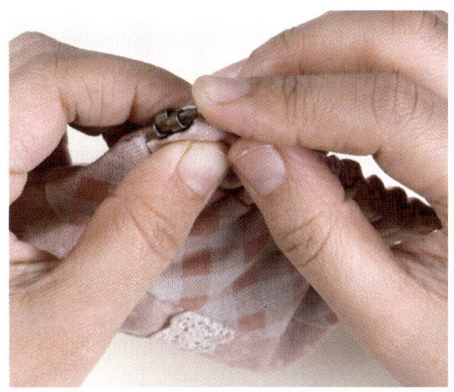

⑤ 바네 끝을 맞춘 후 나사를 위에서 아래로 밀어 넣는다.

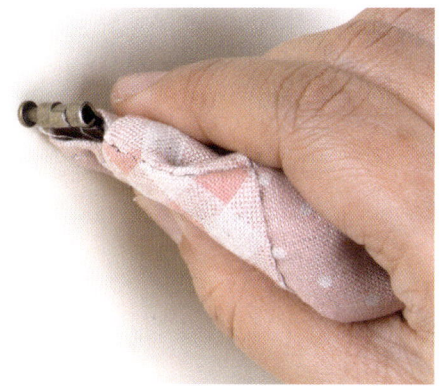

⑥ 잘 들어가지 않을 때는 아래로 향하도록 한 후 누르면 잘 들어간다.

완성 모습

참고

바네마다 조임 부분이 약간씩 다르다.
본 샘플에서 처럼 그냥 누르면 고정이 되는 것도 있고
바네 미니백에서처럼 펜치로 구부려 줘야 하는 것도 있으며
나사처럼 돌려서 잠그는 형태도 있다.

08. 바네 미니백

파우치로, 크로스백으로
귀여운 미니백으로~

이렇게 만들었어요~

♥ **필요한 재료**
리넨 2종 각 1/8마‥안감 1/8마‥토션 레이스 55cm‥바네 (폭 13cm x 높이 1cm)
싸개 플라스틱(지름 2cm) 2개‥바닥용 플라스틱(15cmx 5cm)
Option : 핸들

♥ **완성크기**
가로 17cm x 높이 12cm x 밑폭 5cm (끈 길이 제외)

실물본 만들기
모눈 마분지(방안대지)에 치수대로 표시한 후 오려서
A, B, 안감(전체 크기 : 21x27cm) 바네 통로용 실물본을 각각 만든다.

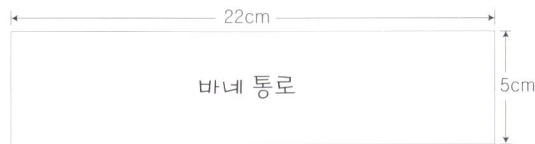

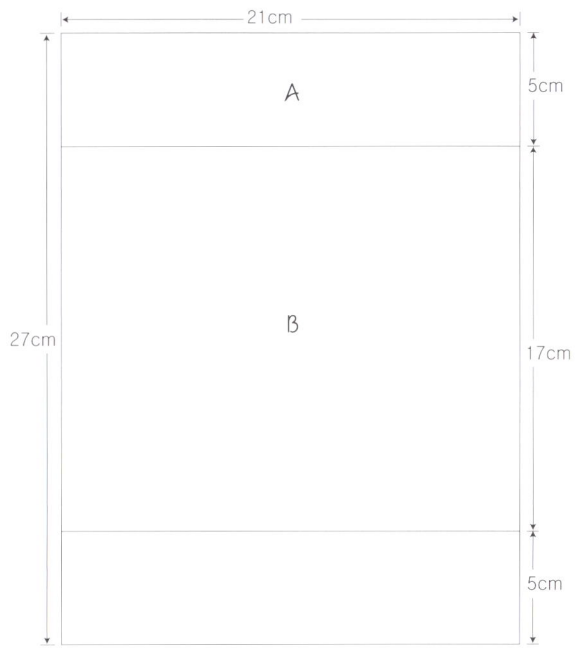

재단하기
모두 천의 안쪽에 그린다.
A : 2장 (시접 0.7cm 따로)
B : 1장 (시접 0.7cm 따로)
안감(21x 27cm) : 1장 (시접 0.7cm 따로)
바네 통로 : 2장 (시접 포함)
싸개단추용 : 2장 (싸개 플라스틱보다 0.8~1cm크게)

Option (바닥 플라스틱을 깔끔하게 싸고자 할 때)
바닥 싸개용 안감 : 12 x 17cm (시접 포함)

바네 통로 만들기

 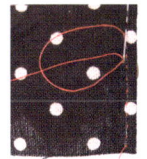

1. 실물본 크기대로 재단 한 후 천의 겉면에 양끝에서 각각 7mm 띄운 선을 그리고 다시 그 선에서 5mm 띄운 선을 그린다.

2. 7mm 선을 접은 후 5mm 선을 홈질한다.

3. 안끼리 마주보게 반을 접고 끝 부분을 시침한다.
=> 바네 통로 완성. 2개 만든다.

겉면 만들기

① B의 겉면 중앙에 레이스 양쪽을 홈질하여 꿰맨 다음 위,아래에 A를 꿰맨다. 시접은 각각 A쪽으로 넘긴다.

② 바네 통로를 각각 위,아래 끝 중앙에 맞춰 시침한다. => 탑 완성

③ 겉끼리 마주보게 반을 접은 후 옆을 꿰맨다.

④ 시접은 양쪽으로 가른다.
시접이 겹치는 부분(동그라미 표시)은 감침하여 정리한다.

⑤ 옆선과 밑중앙을 맞춰 놓고 옆선에서 양쪽으로 각각 2.5cm 되는 선을 그린 후 꿰맨다.삼각형 부분은 옆쪽으로 눕혀 감침한다.(안감 설명 참조)

⑥ 겉으로 뒤집는다. => 겉면 완성

안감 만들기

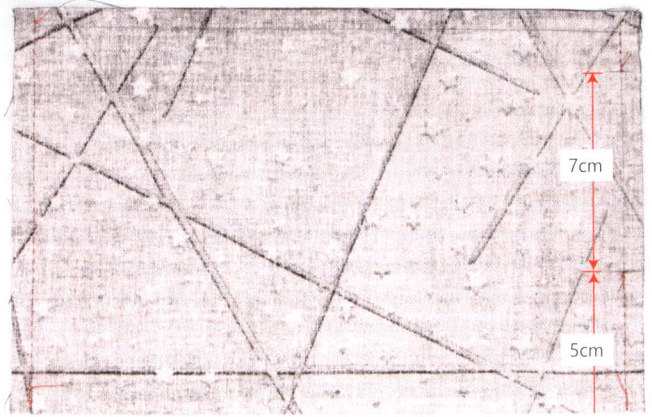

1. 겉끼리 마주보게 반을 접은 후 양옆을 꿰맨다. 이때 한쪽 옆에는 창구멍(7cm 가량)을 남긴다.

2. 시접은 양쪽으로 가른다.

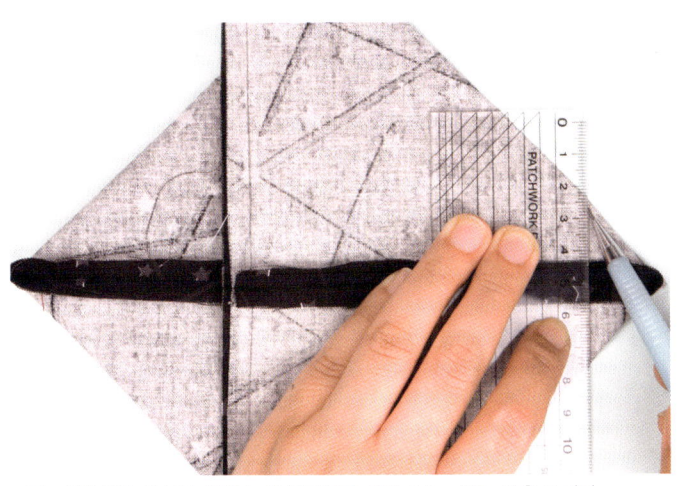

3. 밑중앙과 옆선을 맞춰 놓고 옆선에서 각각 2.5cm되는 선을 그린다.

4. 밑폭을 꿰맨 모습

5. 삼각부분은 옆면으로 눕혀 감침하여 고정시킨다.

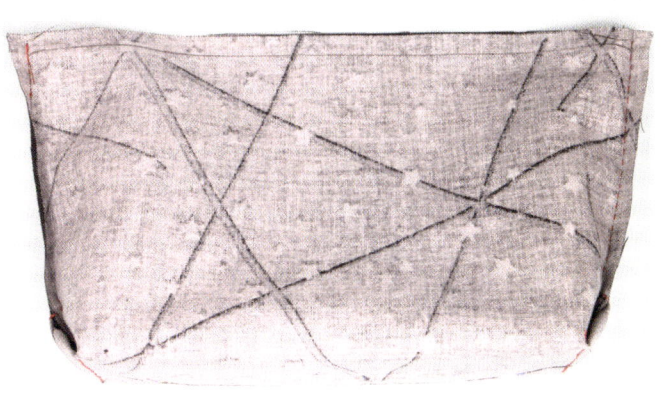

6. 안감 완성 (안이 보이는 상태)

본체 완성하기

① 안감에 겉면을 끼워 넣는다. (안감의 겉과 겉면의 겉이 마주 보는 상태)

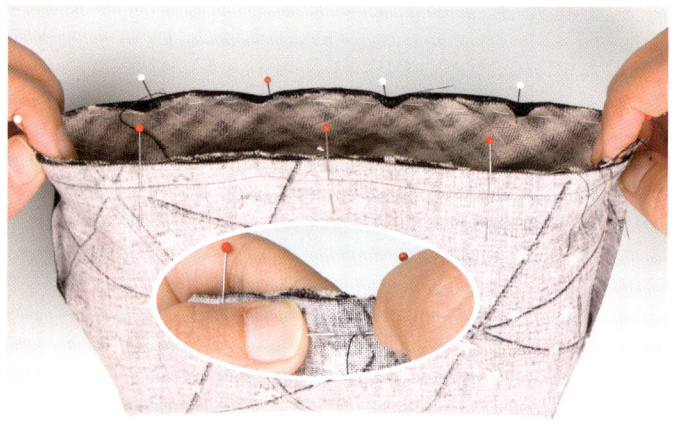

② 입구부분을 잘 맞춰 핀을 꽂는다. 옆선을 먼저 맞추고 중앙 위치를 맞춘 후 나머지 사이를 맞춘다. 반박음질로 빙 둘러 꿰맨다.

③ 안감 옆에 남겨 두었던 창구멍으로 뒤집는다.

④ 창구멍은 공그르기로 막는다.

⑤ 안감을 속으로 밀어 넣는다.

⑥ 모양을 정리한다.

⑦ 앞면으로 사용 할 면에 레이스 장식을 꿰맨다. 안감까지 떠지게 꿰매준다.

⑧ 싸개 단추를 공그르기로 꿰맨다.

레이스 장식 만드는 방법

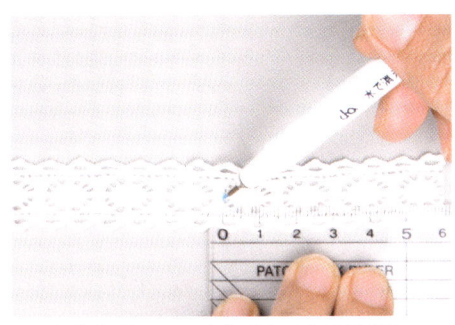

1. 토션 레이스를 30cm 되게 자른 다음 양끝에서 6cm 되는 곳을 각각 표시한다.

2. 사진처럼 둥글게 말아 표시해둔 곳을 포갠다.

3. 한손은 6cm 표시한 곳을 맞춰 잡고 나머지 한손은 레이스 중앙을 잡는다.

4. 레이스 중앙과 6cm 맞춰 잡은 곳을 포개 놓고 사진처럼 세땀 정도 들어가도록 땀을 뜬다.

5. 실을 당긴 후 중앙을 두 세번 감고 마무리한다.
=> 리본 완성 (앞쪽용 하나만 만든다.)

싸개단추 만드는 방법

1. 싸고자 하는 것보다 0.8~1cm 여유분을 두어 천을 재단한다.

2. 처음엔 매듭이 빠지지 않도록 되박음질 한 후 주위를 홈질한다.

3. 끝에서는 처음 땀과 나란하게 두땀 더 뜬후 플라스틱의 오목한 면이 보이게 올려 놓는다.

4. 잡아 당긴 후 느슨해지지 않도록 왔다 갔다 땀을 뜬 후 마무리한다.
=> 2개 만든다.

사용된 바네 모습

바네 끼워 완성하기

① 바네 통로로 바네의 끝을 나란히 넣는다.

② 끝까지 빼서 맞물려 놓고 끝 부속을 위에서 아래로 밀어 넣는다.

③ 펜치로 구부린다.

④ 구부린 모습.

바닥 깔개 만들기

가방용 플라스틱을 15x5cm로 자른 후 끝 모서리를 둥글게 처리하여 그대로 가방 밑에 깔아도 되고 깔끔한 상태를 원하면 다음 설명처럼 천으로 싼다.

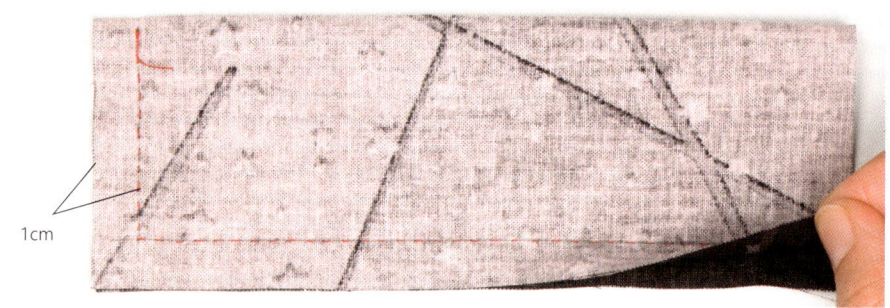

① 바닥 싸개용 안감천을 17x12cm로 자른 후 겉끼리 마주보게 반을 접는다. 안으로 1cm 선을 그린 후 ㄴ자로 꿰맨다.

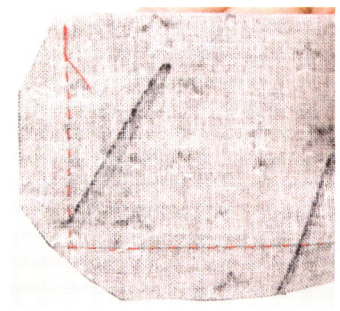

② 두군데 코너에 가윗집을 준다.

③ 겉으로 뒤집어 플라스틱 바닥을 끼워 넣는다.

④ 입구부분 시접을 접어 넣고 공그르기한다.

심플 조리개 주머니

바네 대신에 면끈을 이용하면 조리개 주머니로 변신~
면끈의 길이는 사용목적에 따라 가감한다. 조금 길게하면 가벼운 외출에 미니가방처럼 사용할 수도 있다.
가로 세로 크기를 달리해서 만들면 무궁무진한 소품 주머니를 만들 수 있다.

이렇게 만들었어요~

♥ **필요한 재료**
리넨 2종 각 1/8마··안감 1/8마··토션 레이스 20cm··3mm 면끈 45~60cm 2줄
카메오 장식(3.4x4cm)··바닥용 플라스틱(15cmx 5cm)

♥ **완성크기**
가로 17cm x 높이 12cm x 밑폭 5cm (끈 길이 제외)

1. 바네 미니백 설명을 참조하여 본체를 만든다.

2. 레이스 장식 대신에 카메오나 브로치 장식을 꿰맨다.

3. 바네 통로에 면끈을 넣어 완성한다. (검정 샘플 : 60cm 2줄, 보라 샘플 : 45cm 2줄 사용)

1. 면끈의 한 쪽 끝에 옷핀이나 빵끈을 묶어 놓는다.

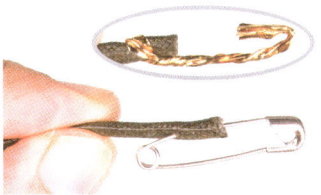

2. 바네 통로를 통과해서 한바퀴 돌아 나온다.

3mm면끈

3. 끝을 모아 한번 눌러묶는다. 반대편 줄도 같은 방법으로 만든다.

09. 드레스덴 플레이트 주머니

퀼터들의 사랑을 듬뿍 받는
드레스덴 플레이트 패턴이
입체적으로 아플리케 된 정리주머니.
주섬 주섬 넣으면 넣을 수록
모양이 더 예뻐집니다~

재단 방법

실물본 A : 6색 2장씩 (천 안에 재단)
완성선을 오려낸 실물본을 만든다.
천의 안쪽에 실물본을 놓고
외곽선과 완성선을 그린 후
외곽선대로 자른다.
윗부분 끝에서 0.7cm 되는 선을
그려놓는다.

실물본 B : 2장 (천 겉에 재단)
완성선을 오려낸 실물본을 만든다.
천의 겉쪽에 실물본을 놓고
외곽선과 완성선을 그린 후
외곽선대로 자른다.
둥근 부분은 시접을 접어 가며
시침해둔다.

끈막음용 : 2장 (천 겉에 재단)
시접 0.5cm 따로두고 재단한다.

바탕 : 2장 (천 안에 재단)
끈 통로 위치 네군데를 각각 표시하고
시접은 0.7cm 따로두고 재단한다.

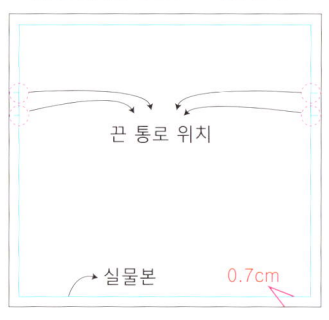

밑부분 : 2장 (천 안에 재단)
시접 0.7cm 따로두고 재단한다.

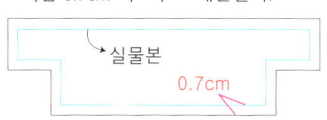

안감 : 2장 (천 안에 재단)
창구멍 위치는 한장에만 표시하고
시접은 0.7cm 따로두고 재단한다.

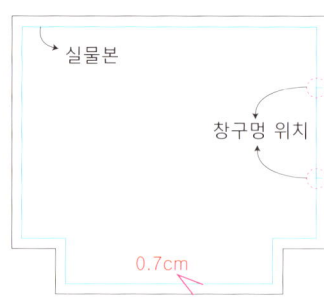

이렇게 만들었어요~

♥ **필요한 재료**
체크 2종 1/8마씩‥조각천 7종‥안감 1/8마‥면끈 44cm 2줄
끈 마무리용 퀼팅솜(1x2cm) 또는 구름솜 약간

♥ **완성크기**
가로 15cm x 높이 15cm x 밑폭 6cm

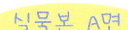 실물본 A면

재단 방법을 꼭 확인 후 재단하세요

① 드레스덴 플레이트용 재단 모습

② 순서대로 꿰맨 후 시접은 시계 방향으로 넘긴다.
아래쪽 시접부터 꿰매 윗쪽 완성까지만 꿰맨다.

③ 안쪽 모습

④ 오른쪽 끝 조각을 반 접어 그려 놓은 0.7cm 선을 끝에서 끝까지 꿰맨다.

⑤ 시접은 가른다. 끝부분은 사진처럼 삼각형이 되게 한다.

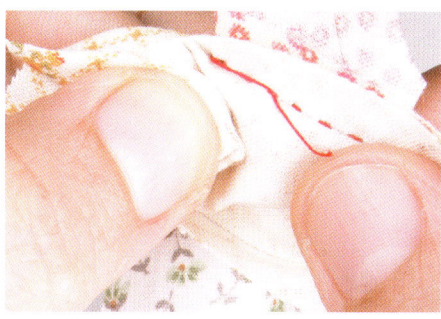
⑥ 삼각형 부분을 지긋이 누른 채로 뒤집는다.

⑦ 도구를 이용해 끝 모서리 모양을 잡는다.
(사진은 작은 가위를 이용해 모양을 잡는 모습)

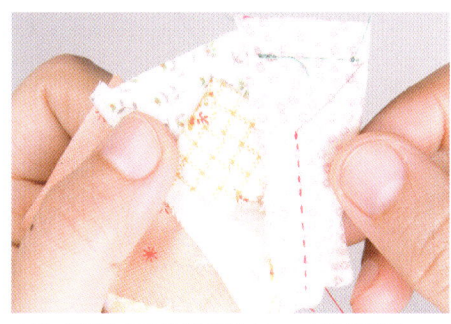
⑧ 두번째 조각을 반 접어 0.7cm 선을 꿰맨다.

⑨ 같은 방법으로 뒤집어 모양을 잡고 나머지도 같은 방법으로 진행 한다.

⑩ 쏙 들어간 부분의 시접을 정리한다.

⑪ 시접 정리가 끝난 모습

⑫ 조각 연결이 끝난 후의 안쪽 모습

13 다림질 한 후 삼각 끝에서 0.7cm씩 안쪽으로 퀼팅선을 그린다.

14 바탕천 아래 중앙에 맞춰 핀을 꽂아 고정하고 밑부분은 시침한다.

15 핀 꽂고 시침한 모습

16 삼각부분에 그려 놓은 선따라 퀼팅한 후 둥근 부분에 시침해 놓은 B를 중앙에 맞춰 핀 꽂는다.

17 둥근 부분을 아플리케 한다. 아플리케 한 곳에서 0.7cm 안쪽으로 퀼팅선을 그린 후 퀼팅한다.

18 밑부분을 연결한다. 시접에서 시접까지 꿰매고 시접은 밑부분 쪽으로 넘긴다.

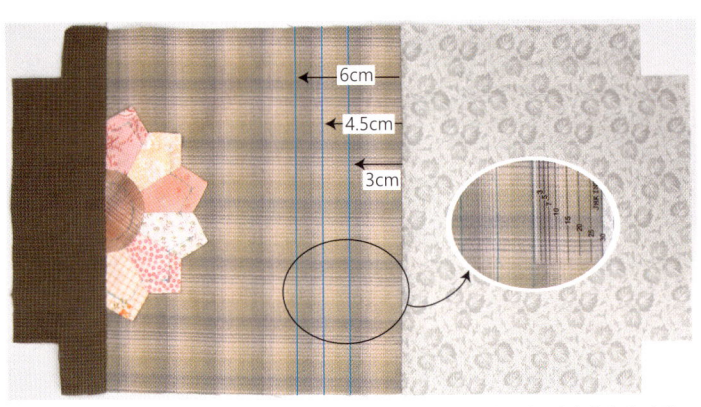

19 안감을 바탕천 윗쪽에 연결한 후 시접은 안감쪽으로 넘긴다. 연결선에서 각각 3cm (완성선), 4.5cm, 6cm (끈 통로) 띄운 선들을 그린다. => 탑완성

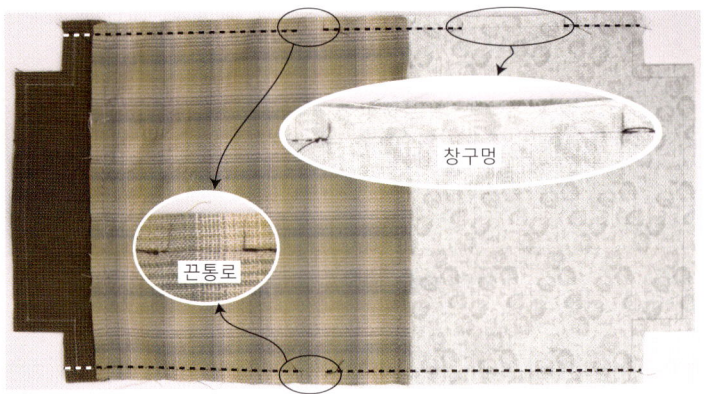

20 탑을 2개 만들어 겉끼리 마주보게 포갠 후 옆선을 꿰맨다. 이때 끈 통로 두군데와 창구멍 한 곳을 남기고 꿰맨다.

21 시접은 양쪽으로 가른다. 이때 밑부분과 안감 연결 부분은 두꺼우므로 감침으로 고정한다.

22 겉감의 밑중심 (탑의 맨 아래)과 안감의 밑중심 (탑의 맨 윗부분)을 각각 꿰맨다.

23 시접은 양쪽으로 가른다. 안감쪽 밑부분도 가름솔로 정리한다.

24 옆선과 밑중심선을 맞춰 잡아 밑폭을 꿰맨다.
(겉감쪽 밑폭 두군데와 안감쪽 밑폭 두군데)

25 밑폭을 꿰맨 후의 밑면 모습.

26 옆선에 남겨 두었던 창구멍으로 뒤집는다.

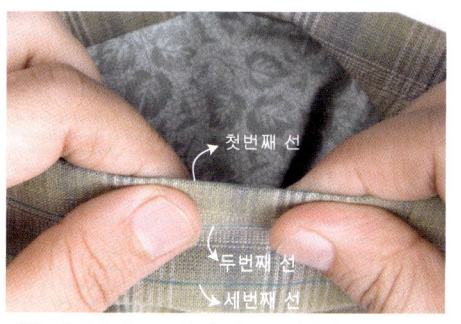

27 안감을 안으로 밀어 넣고 19번에서 그렸던 첫번째 선을 접으며 핀을 꽂아 고정시킨다.

28 19번에서 그렸던 두번째 선과 세번째 선을 각각 빙 둘러가며 퀼팅한다.

29 끈 통로로 끈을 끼우기 위해서 끈 끝에 옷핀이나 빵끈을 묶어 놓는다.

30 끈은 각각 들어갔던 통로로 한바퀴 돌아 나온 후 끝을 나란히 잡아 실로 고정시킨다.

31 끈막음용 천의 시접을 접어가며 접힌 끝 가까이를 3mm 간격으로 홈질한다.

32 처음 시작 부분과 나란한 땀이 되도록 조절하여 두땀 정도 더 뜬다.

33 지름 1cm 정도로 자른 퀼팅솜을 안에 올려 놓는다.

34 실을 약간 당긴 후 끈을 끼워 넣고 마저 당긴다.
(끈은 퀼팅솜 있는 곳까지 밀어 넣는다)

35 끈이 빠지지 않도록 골진 곳을 여러번 왔다 갔다 한 후 마무리한다.

냥이커플 주머니

드레스덴 플레이트 대신 다른 아플리케를 응용해 만들어도 좋아요~

좀 더 큰 사이즈의 주머니를 만들고 싶으면
실물본을 확대 복사해서 사용하거나
가로 세로 사이즈를 변경해 만들면
다양한 사이즈의 주머니를 만들 수 있어요.

냥이 커플 다용도 주머니는
아플리케만 변화를 주어 만든 것으로
앞면에는 다정한 고양이 두마리를 아플리케하고
뒷면에는 고양이가 좋아하는 생선을
입체적으로 만든 후 꿰매 완성했어요~

이렇게 만들었어요~

♥ **필요한 재료**
바탕 1/8마‥밑면 약간‥조각천 3종‥안감 1/8마‥눈 4mm 4개‥코 비즈 또는 매듭수‥수실
끈 마무리용 퀼팅솜(1x2cm) 또는 구름솜 약간‥면끈 44cm 2줄

♥ **완성크기**
가로 15cm x 높이 15cm x 밑폭 6cm

재단 방법

바탕 : 2장 (천 안쪽에 재단)
끈 통로 위치 네군데를 각각 표시하고 시접은 0.7cm 따로두고 재단한다.
재단 후 겉면에 아플리케 도안을 그린다.

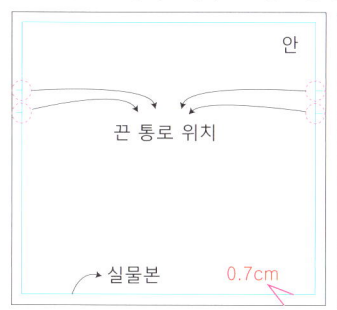 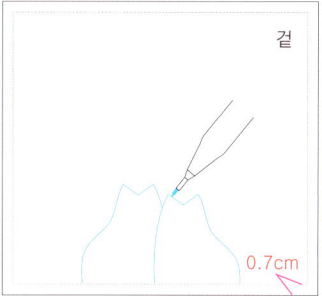

안감 : 2장 (천 안에 재단)
창구멍 위치는 한장에만 표시하고
시접은 0.7cm 따로두고 재단한다.

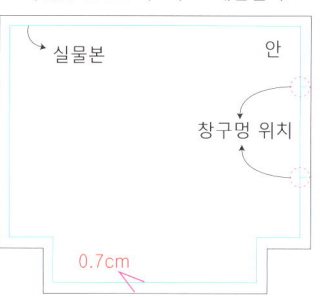

밑부분 : 2장 (천 안에 재단)
시접 0.7cm 따로두고 재단한다.

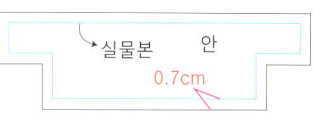

아플리케용 (시접 0.5cm 따로)

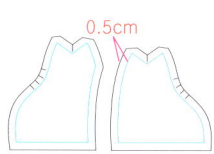   

1. 천의 겉쪽에 그려 그림처럼 가윗집을 준다.
2. 바느질 할 완성선을 접어가며 손자국을 낸다.
3. 시접을 접어 넣어가며 시침한다.(나중에 덧대어질 부분은 제외)
4. 튀어나온 곳을 안으로 접어넣어 시침한다.

생선 : 2장 (시접 0.5cm 따로)
생선은 뒷면 안에 한장 그려서 시접 0.5cm 남겨두고
자른 후 가운데에 창구멍으로 가윗집(1.5~2cm)을 준다.
앞면은 뒷면천과 같은 크기로 자른다.

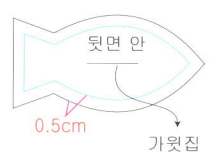 

만드는 방법

1. 앞면에 냥이커플을 아플리케한다. 빨간색으로 표시된 부분을 순서대로 아플리케한다.

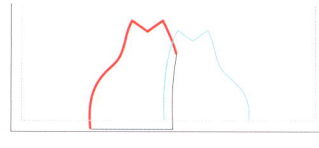 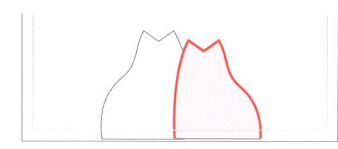

2. 드레스덴 플레이트 주머니 만드는 방법 18번 과정부터 동일하게 진행해 주머니 형태를 완성한다.

3. 냥이의 눈과 코를 꿰매주고
수염은 수실 2겹으로 한땀씩 떠서 수놓는다.
모두 안감까지 꿰맨다.
(좀 더 자세한 과정샷은 큐티캣 참조)

4. 뒷면에는 생선을 만들어 꿰맨다. 원하는 위치에 입체감이 살도록 눈과 꼬리만 꿰매 고정시킨다.
수실은 2겹을 사용한다.

 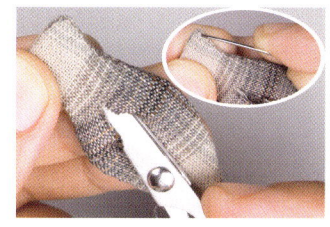 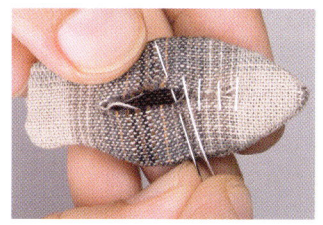 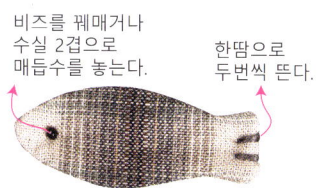

1. 앞면과 뒷면을 겉끼리 마주보게 포개어 완성선을 모두 꿰맨 후 가윗집을 준다.
2. 뒤집어 모양을 잡는다. 가위나 바늘을 이용해 각진 곳을 잘 빼낸다.
3. 감침하여 창구멍을 막는다.
4. 적당한 위치에 눈과 꼬리만 꿰매 고정시킨다. 모두 안감까지 꿰맨다.

10. 리넨 심플백

은은한 멋스러움이 느껴지는 리넨 심플한 패치가 리넨의 매력을 그대로 보여줍니다.

DITH BAKER MONTANO
ELEGANT
TITCHES

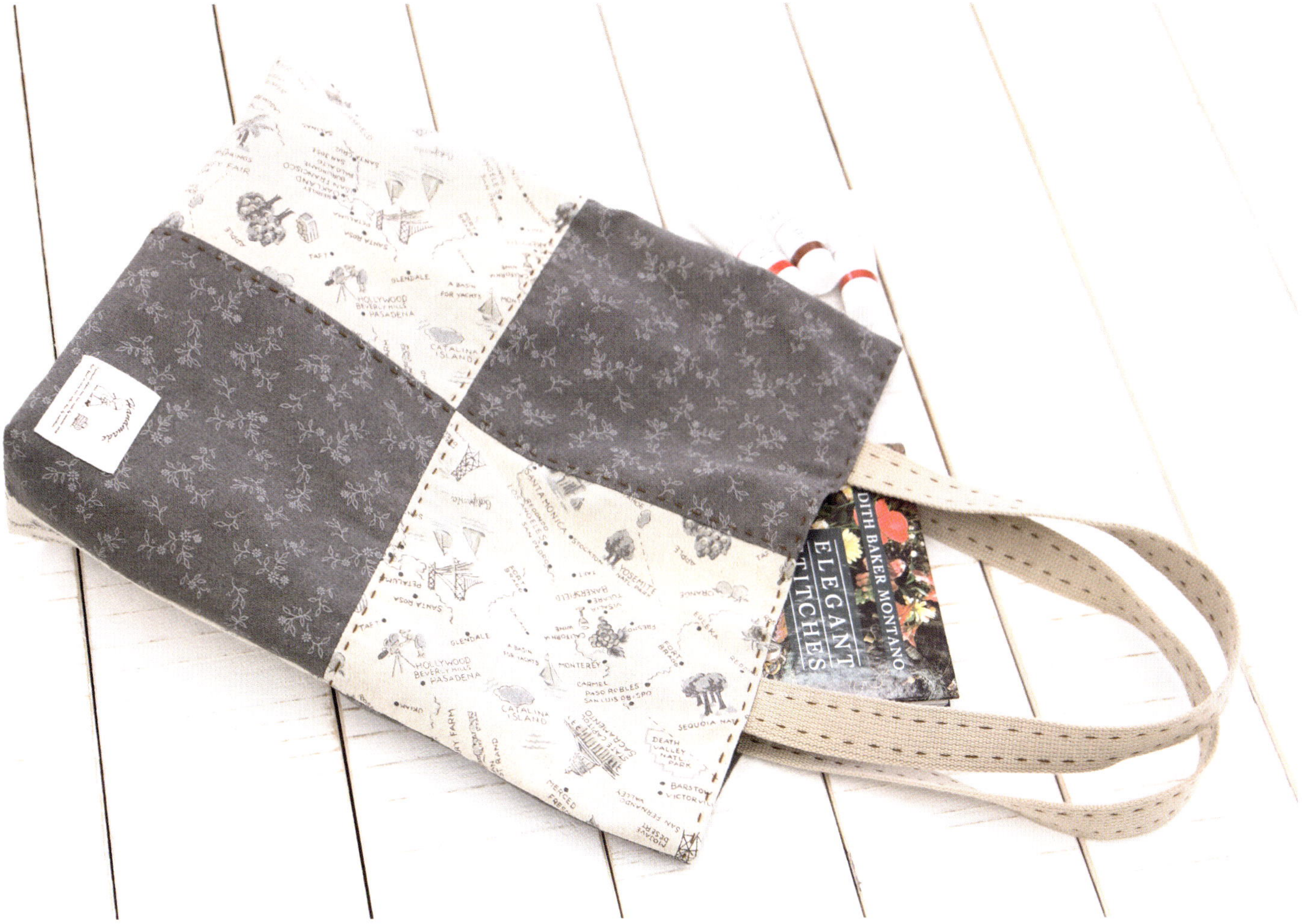

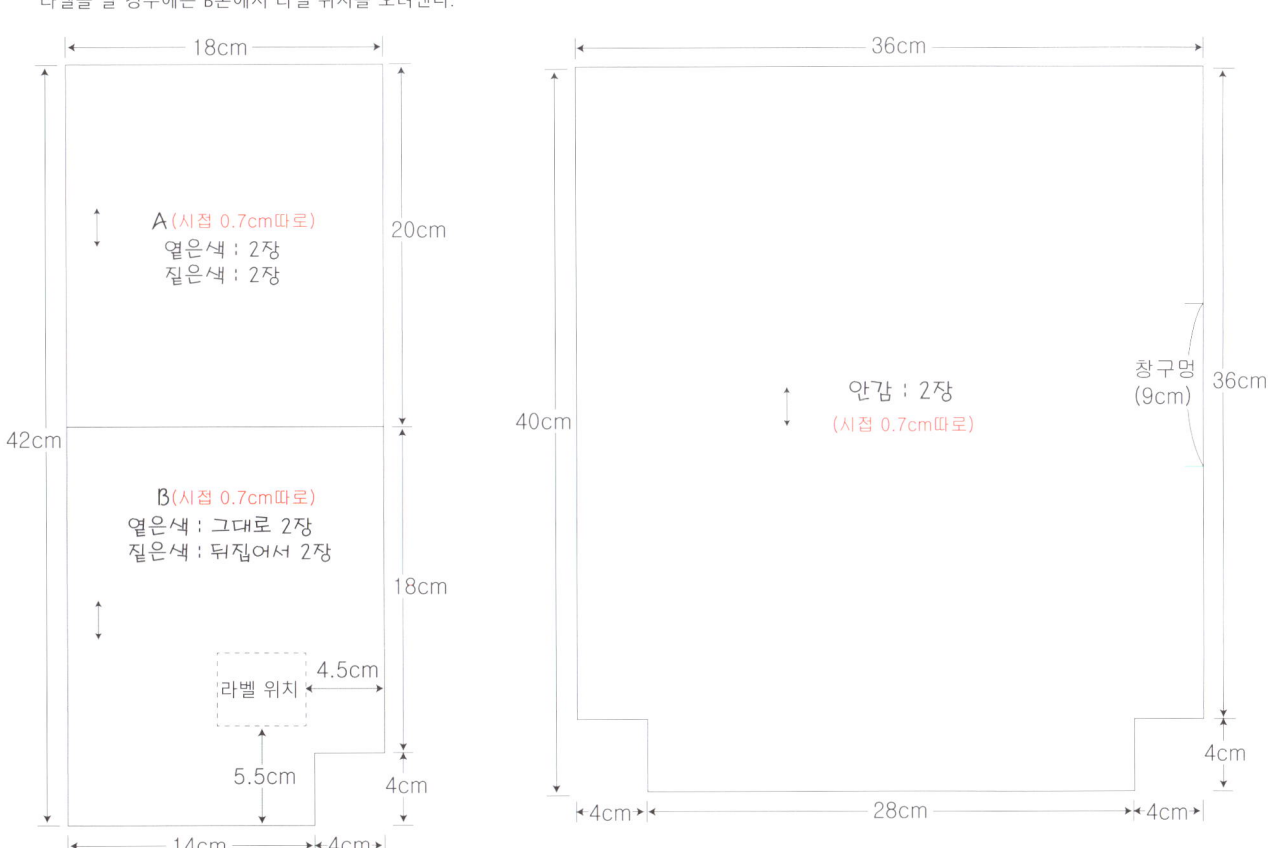

실물본 만들기

모눈 마분지(방안대지)에 치수대로 표시한 후 오려서 실물크기의 본(A,B,안감)을 만든다.
라벨을 달 경우에는 B본에서 라벨 위치를 오려낸다.

18cm
A(시접 0.7cm따로)
옅은색 : 2장
짙은색 : 2장
20cm
42cm
B(시접 0.7cm따로)
옅은색 : 그대로 2장
짙은색 : 뒤집어서 2장
18cm
라벨 위치
4.5cm
5.5cm
4cm
14cm
4cm

36cm
40cm
안감 : 2장
(시접 0.7cm따로)
창구멍
(9cm)
36cm
4cm
4cm
28cm
4cm

이렇게 만들었어요~

♥ **필요한 재료**
리넨 2종 각 24cm(식서방향) x 85cm ‥ 안감 1/2마 ‥ 면 라벨
웨이빙(3cm폭) 54cm 2줄 ‥ Moco 수실 ‥ 바닥용 플라스틱(27x7.5cm)

♥ **완성크기**
가로 35.5cm x 높이 36cm x 밑폭 8cm (끈 길이 제외)

본체용 재단하기

모두 천 안쪽에 그린 후 시접 0.7cm를 따로 두고 자른다.
라벨을 달 것에는 겉면에 라벨 위치를 표시하고 안감 한장에는 창구멍 위치를 중간쯤에 표시한다.
실물본 B 재단시 주의 사항 : 옅은색 천에는 실물본을 그대로 놓고 그리고 짙은색 천에는 실물본을 뒤집어 놓고 그려야 한다.

Option : 바닥 깔개 만들기

가방용 플라스틱을 7.5x27cm로 자른 후 끝 모서리를 둥글게 처리하여 그대로 가방 밑에 깔아도 되고 깔끔한 상태를 원하면 아래 설명처럼 천으로 싸서 넣는다.

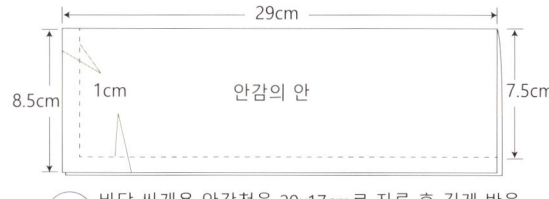
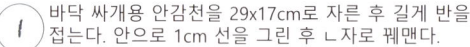
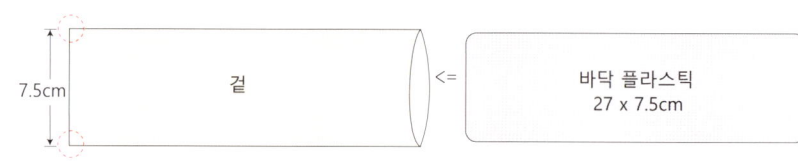

① 바닥 싸개용 안감천을 29x17cm로 자른 후 길게 반을 접는다. 안으로 1cm 선을 그린 후 ㄴ자로 꿰맨다.

② 두군데(빨간 점선) 코너에 가윗집을 준 후 겉으로 뒤집어 플라스틱 바닥을 끼워 넣는다. 입구부분 시접을 안으로 집어 넣고 공그르기로 막는다. => 바닥 깔개 완성

라벨 달기

① 라벨의 양 끝을 5mm씩 접어 라벨 달 위치에 핀을 꽂는다.

② 끝부분을 반박음질로 꿰맨다.

③ 둘레를 돌아가며 꿰맨 모습

본체 만들기

① 윗단을 완성에서 완성까지 꿰맨 후 시접은 짙은천 쪽으로 넘긴다.

② 아래도 완성에서 완성까지 꿰맨 후 시접은 짙은천 쪽으로 넘긴다.

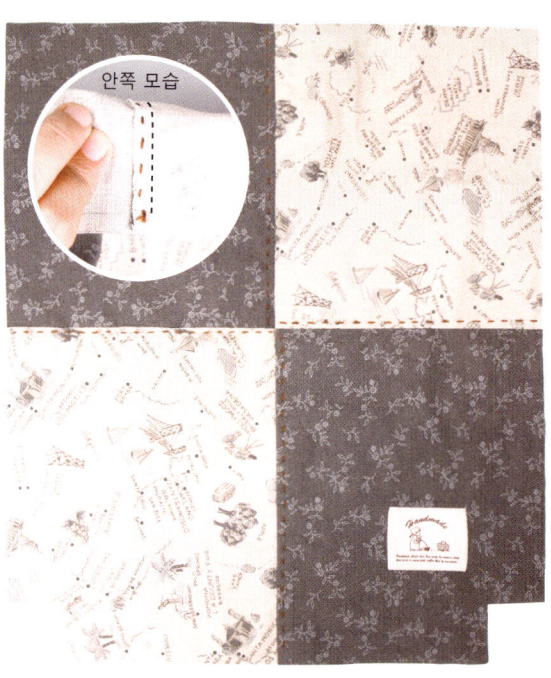

③ 위와 아랫단을 포개어 시접에서 시접까지 꿰맨 후 바람개비 시접으로 넘긴다. 모코 수실로 수를 놓는다. 보통 퀼팅은 시접이 넘어간 반대편에 하지만 이 경우에는 시접이 넘어간 쪽에 이음선에서 4~5mm 띄우며 4~5mm 땀 간격으로 수 놓는다.

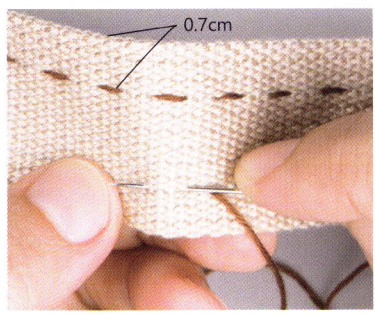

④ 54cm로 자른 웨이빙에 0.7cm 선을 그린 후 모코 수실로 5~6mm 간격의 땀으로 수 놓는다.

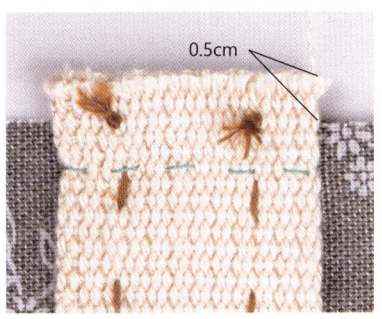

⑤ 중앙에서 7cm 띄운 곳에 끈을 시침한다. 천끝으로 웨이빙이 0.5cm 정도 튀어 나오게 놓은 후 반박음질로 시침한다.

⑥ 끈 시침이 끝난 앞면 모습. 뒷면도 같은 방법으로 만든다. (뒷면은 라벨 생략)

완성된 탑 모습

⑦ 끈을 시침해 놓은 부분에 안감을 안이 보이게 포갠 후 윗부분을 꿰맨다. 끈이 있는 부분은 반박음하여 튼튼하게 꿰맨다.

⑧ 안감을 위로 넘긴 후 연결선에서 1cm 띄운 선을 그린다. => 탑 완성

9 8에서 완성된 탑 두장을 겉끼리 마주보게 포갠 후
옆선을 잘 맞춰 핀을 꽂는다.
한쪽 옆선은 모두 꿰매고 다른 한쪽 옆선은 창구멍을
남기고 시접에서 시접까지 꿰맨다.
시접은 양쪽으로 가름솔 하는데
시접이 겹치는 두꺼운 부분(사진 10번)은
감침하여 정리한다.

10 시접이 겹치는 두꺼운 곳은 겉면에 땀이 떠지지 않도록 주의하며 감침으로 정리한다.

11 밑중앙을 각각 꿰매고 시접을 가름솔한다.

12 시접이 겹치는 두꺼운 곳은 겉면에 땀이 떠지지 않도록 주의하며 감침으로 정리한다.

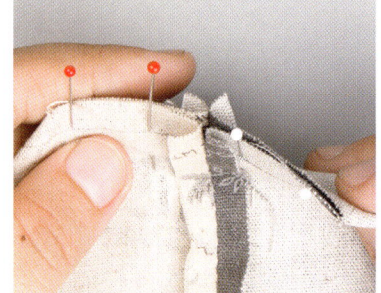

13 옆선과 밑중심을 맞춰 핀을 꽂고 나머지 사이에도 핀을 꽂은 후 꿰맨다.

14 겉면의 밑폭 꿰맨 모습

15 안감도 같은 방법으로 밑폭을 꿰맨다.

16 겉으로 뒤집어 창구멍은 공그르기 한 후 안감을 안으로 집어 넣고 8번에서 그렸던 선을 손으로 꾹꾹 접어 가며 손자국을 낸다.

17 손자국을 낸 후 접힌 선(8번에서 그린 선)이 맨 위로 오도록 모양을 잡으며 핀을 꽂는다.

18 입구 주위를 빙 둘러 핀 꽂은 모습

19 끝에서 0.3cm 띄워 가며 모코 수실로 수 놓는다. 끈 부분에서는 바늘을 아래로, 위로 빼가며 진행한다. 미리 만들어 둔 바닥 깔개를 끼워 넣으면 완성.

바느질 Tip
모코 수실은 두꺼워서 몇땀 뜬 후 잡아 당기다 보면 바늘이 미끄러져 잘 나오지 않을 경우가 있다. 이때는 고무골무를 끼고 잡아 당기면 수월하다. 고무골무가 없을 경우에는 구멍난 고무장갑을 오려서 골무 대용으로 사용 할 수도 있다.

11. 단아한 자동핀

외출할 때 그때 그때의 분위기에 따라
골라 쓸 수 있게
여러가지 색깔로 만들어 봐요.

> 이렇게 만들었어요~

♥ 필요한 재료
조각천 2종 ‥ 자동핀대 (길이 대:10cm, 소:7cm) ‥ 퀼팅솜 3온스 ‥ 싸개용 플라스틱(지름 2cm)

♥ 완성크기
대(12x4.8cm), 소(9x4cm)   실물본 A면

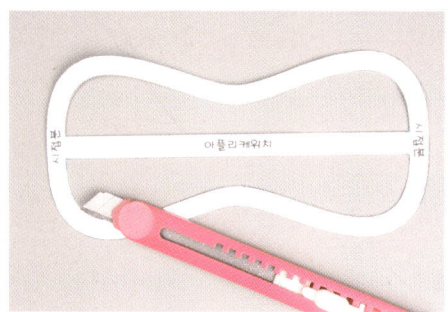

① 사진처럼 오려내어 실물본을 만든다.

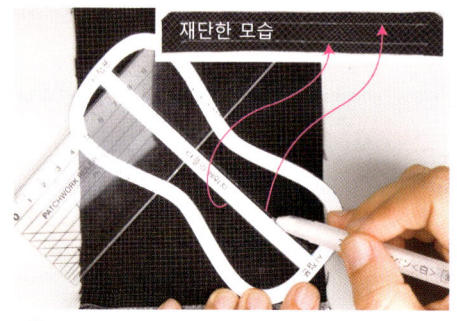

② 아플리케용은 천 겉에 사선 방향으로 그린다. 움직이지 않도록 한쪽에는 묵직한 것을 올려 놓고 그린다. 시접은 0.5cm 따로 둔다.

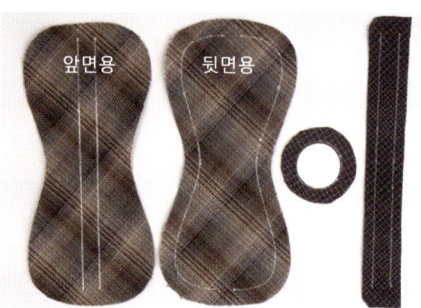

③ 앞면은 천 겉에 아플리케 위치만 그리고 뒷면은 천 안쪽에 완성선만 그린다. 싸개용은 싸고자 하는 것을 그린 후 0.8cm 시접을 두고 자른다.

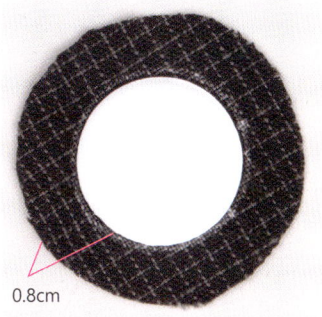

④ 싸개단추용 천을 재단한 모습

⑤ 주위를 홈질한다. 끝에서는 땀을 조절해 처음 땀과 나란하도록 두땀 정도 더 뜬다.

⑥ 플라스틱의 오목한 면이 보이게 올려 놓는다.

⑦ 잡아 당긴 후 느슨해지지 않도록 왔다 갔다 땀을 뜬 후 마무리한다.
=> 싸개단추 완성

⑧ 아플리케용 천의 위,아래 시접을 접어가며 시침한 후 앞면용 천의 아플리케 위치에 맞춰 핀을 꽂는다. 각각 위와 아래를 아플리케한다.

⑨ 퀼팅솜 위에 아플리케한 앞면을 올려 놓는다.

⑩ 그 위에 뒷면(반 접어 미리 가윗집을 준다)을 안이 보이게 올려 놓고 앞면과 뒷면을 잘 맞춰 핀을 꽂은 후 완성선을 모두 꿰맨다.

⑪ 퀼팅솜이 보이게 돌려 놓고 퀼팅솜을 꿰맨 선(완성선) 가까이 정리한다.

⑫ 뒷면이 보이는 상태로 다시 돌려 놓고 둘레에 3~5mm 간격으로 가윗집을 준다.

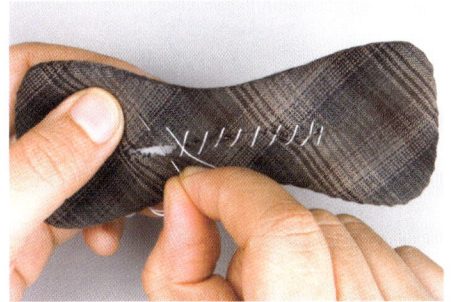

⑬ 겉으로 뒤집어 모양을 다듬은 후 창구멍은 감침으로 정리한다.

⑭ 아플리케한 곳에서 1mm 띄워가며 퀼팅한다.

⑮ 싸개단추를 중앙에 공그르기한다.

⑯ 핀대에 꿰맨다. 양 끝구멍을 이용해 감침하고 중앙부분도 감침한다.

12. 조가비 프레임 동전지갑

조가비 모양의 귀여운 동전지갑
만들기도 쉬워서 간단한 선물에 딱이예요~

응용 하트 프레임 동전지갑

명함 보관지갑에 사용한 하트를 아플리케하거나
카메오 브로치 장식같은 것을 중심에 달아주어 간단하게 만들어 보세요~

실물본 C면

이렇게 만들었어요~

♥ **필요한 재료**
조각천 4종··안감용··라운드 프레임(넓은 폭 6.7cm × 높이 4.5cm)··퀼팅솜(3온스)

♥ **완성크기**
넓은 곳 9.5cm × 높이 9cm (프레임 포함)  실물본 A면

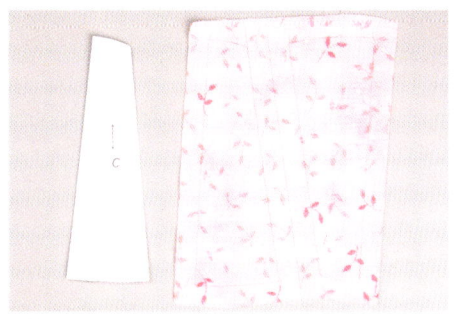

① 실물본을 사용해 천의 안쪽에 그린 후 시접 0.7cm씩 따로 두어 각각 2장씩 재단한다.

② 겉면이 보이도록 배치한다.

③ 완성에서 완성까지 꿰맨 후 시접은 오른쪽으로 보낸다. => 탑 완성

④ 퀼팅솜 위에 탑을 겉이 보이게 올려놓고 그 위에 안감을 안이 보이게 올려 놓는다. 탑과 안감을 잘 맞춰 핀을 꽂는다. 중간 중간에도 여러개 꽂는다.

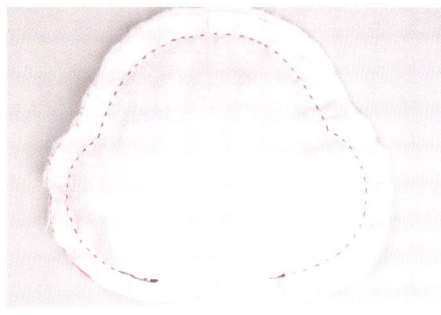

⑤ 창구멍을 남기고 꿰맨다. 창구멍 시작과 끝은 튼튼하게 되박음한다.

⑥ 퀼팅솜이 보이게 돌려 놓고 퀼팅솜을 꿰맨 곳(완성선) 가까이 자른다.

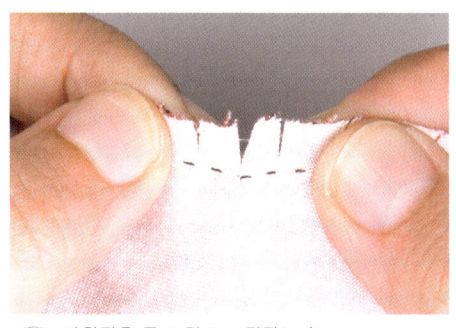

⑦ 가윗집을 주고 겉으로 뒤집는다.

⑧ 창구멍은 공그르기하고 꿰맨선에서 1mm 가량 띄워 시접이 없는 쪽에 퀼팅한다. => 2장 만든다.

⑨ 두장을 겉끼리 마주보게 포갠 후 입구부분을 제외한 나머지를 공그르기로 연결한다. 처음과 끝은 튼튼하게 되박음 해준다.

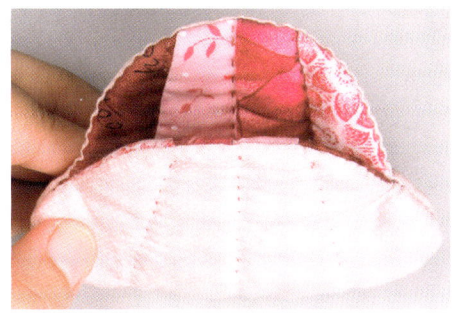

⑩ 공그르기하여 연결한 모습.

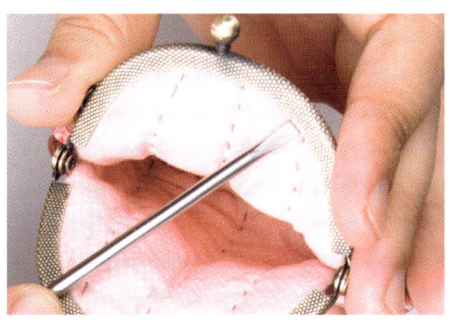

⑪ 겉으로 뒤집어 프레임을 끼운다. 한쪽으로 쏠리지 않도록 주의한다.

⑫ 프레임을 꿰매면 완성.(프레임 달기 참조)

13. 도장지갑

지갑 안에 도장이 쏘~옥
도장 대신 동전지갑으로도 그만~

도장지갑 겉면 실물본 및 안감(10x9cm) 실물본 (시접 0.7cm씩 따로)

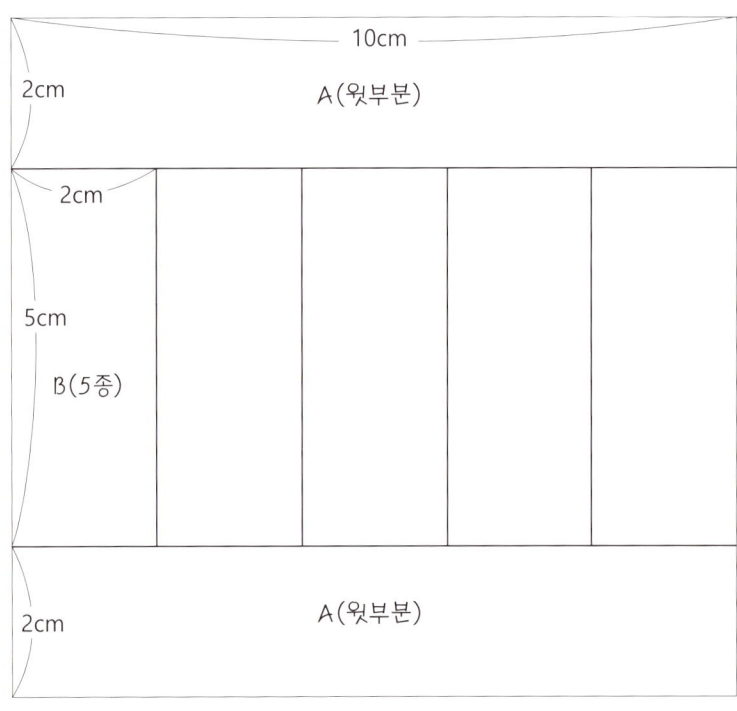

- 10cm
- 2cm A(윗부분)
- 2cm
- 5cm B(5종)
- 2cm A(윗부분)

실물본 만들기 Tip

모눈 마분지를 주어진 크기대로 오려서 실물본으로 사용하면 편리하다.

응용 동전지갑

조각의 세로 길이를 조정해서
조금 길쭉한 형태로 만들어도 좋다.

응용 샘플: B조각의 세로 사이즈를 10cm로 변경한 것

재단하기

A 2장 : 10 x 2cm, B 5장 : 2 x 10cm, 안감 1장 : 10 x 14cm

이렇게 만들었어요~

♥ 필요한 재료
- 도장지갑 : 조각천 5종 ·· 윗부분및 안감용 (12x20cm) ·· 지퍼 10cm ·· 퀼팅솜(3온스)
- 동전지갑 : 조각천 5종 ·· 윗부분및 안감용 (12x25cm) ·· 지퍼 10cm ·· 퀼팅솜(3온스)

♥ 완성크기
- 도장지갑 : 가로 9cm x 높이 4cm x 밑폭 1.5cm
- 동전지갑 : 가로 9cm x 높이 6.5cm x 밑폭 1.5cm

실물본 A면   실물본 C면

참고 모두 천 안에 그려서 재단하고 시접은 0.7cm씩 따로 둔다.(구분이 편리하도록 샘플과는 다른 천을 사용하였음)

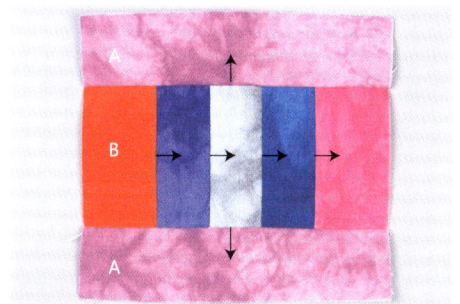
1. B조각을 연결한 후 A조각을 각각 연결한다. 시접은 화살표 방향으로 넘긴다. => 탑 완성

2. 퀼팅솜→탑→안감순으로 포갠다.

3. 탑과 안감을 잘 맞춰 핀을 꽂는다. 끝 완성선을 먼저 맞춰 핀을 꽂고 사이사이를 핀 꽂는다.

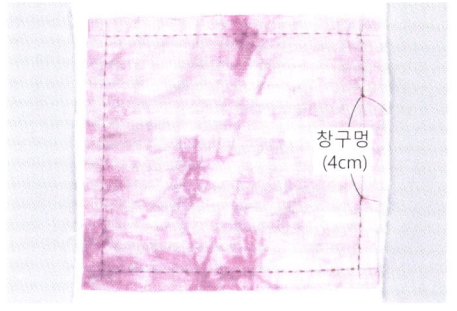
4. 창구멍으로 4cm 가량 남기고 꿰맨다.

5. 퀼팅솜이 보이도록 돌려 놓고 퀼팅솜을 꿰맨 곳(완성선) 가까이 자른다.

6. 코너에 가윗집을 주고 겉으로 뒤집은 후 창구멍은 공그르기한다.

7. 연결선에서 1mm 가량 띄워가며 시접이 넘어간 반대편을 퀼팅(아웃라인 퀼팅)한다.

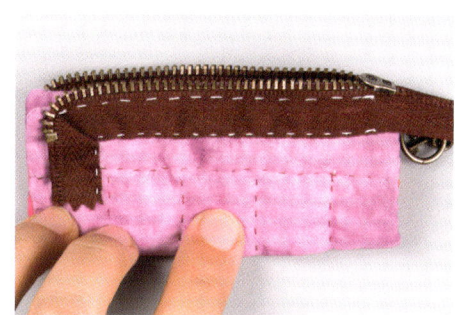
8. 지퍼를 꿰맨다.(지퍼 달기 참조)

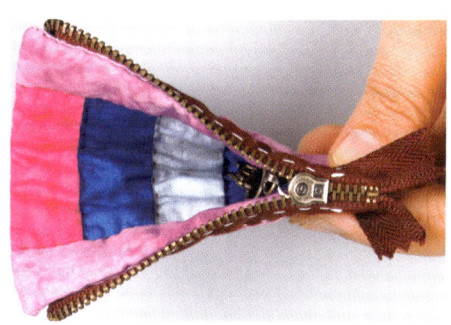
9. 옆을 꿰매기 위해 지퍼를 살짝 닫는다.

10. 겉끼리 마주 닿게 포갠 후 양옆을 각각 공그르기로 연결한다. 마주 닿아 있는 겉과 겉을 공그르기한다.

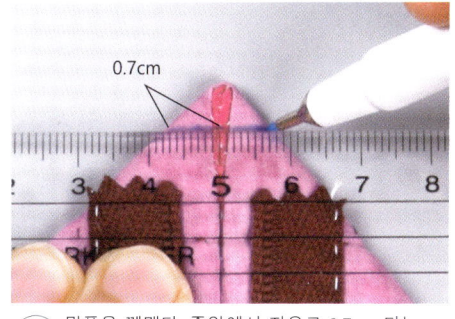
11. 밑폭을 꿰맨다. 중앙에서 좌우로 0.7cm 되는 곳을 그린 후 반박음질로 꿰맨다.

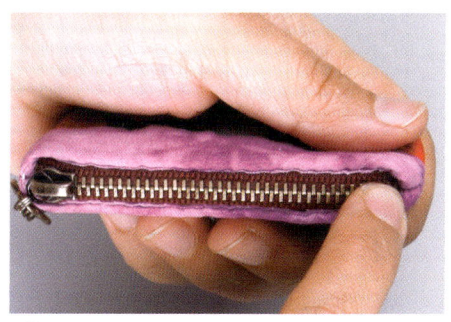
12. 겉으로 뒤집은 후 지퍼의 끝부분을 살짝 눌러 밀어 넣고 지퍼를 닫으면 완성.

14. 사랑스런 곰,토끼,강아지 인형

팔과 다리가 움직이는 귀여운 동물 인형이에요.
귀 모양에 따라 토끼로도 강아지로도 변신시킬 수 있는 신기한 인형
옅은색으로 만들면 기쁜 날 축하의 글을 온몸에 간직할 수 있는 메시지 인형이 되지요~

팔과 다리가 움직여
아이들이 더 좋아해요~

이렇게 만들었어요~

♥ 필요한 재료
각각 : 꽃무늬(45 x 70cm)‥무지‥구름솜 또는 방울솜‥눈 2개‥리본‥단추 2종 각 2개씩

♥ 완성크기
앉은 키 약 21cm , 선 키 약 30cm   실물본 A면   실물본 C면

재단하기

천 안쪽 면에 실물본을 놓고 실물본에 표시된 화살표 방향을 식서방향에 맞춰 그린다. 인형의 경우에는 꼭 천의 결 방향을 통일 해 주어야 한다.
시접 0.5~0.7cm 정도를 따로두고 표시한 갯수만큼 재단한다.

아래는 곰인형 재단예인데 토끼나 강아지는 귀만 달라요~

R : 실물본을 뒤집어 그리는 것을 의미
빨강 점선 부분 : 본을 그릴 때 표시해 두어야 할 부분

귀 만들기

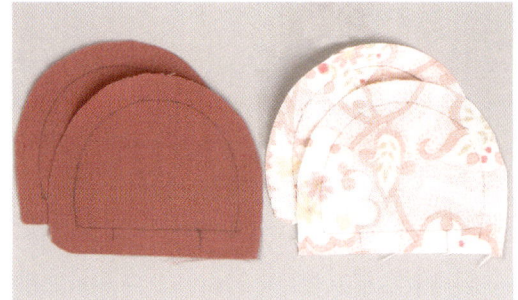

① 재단한 무지천과 꽃무늬천

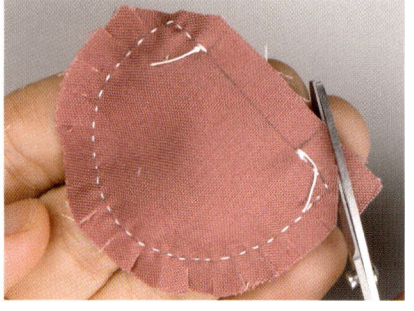

② 무지천과 꽃무늬천을 겉끼리 마주보게 포갬 후 창구멍을 남기고 꿰맨다. 곡선과 코너 부분에 가윗집을 준다.

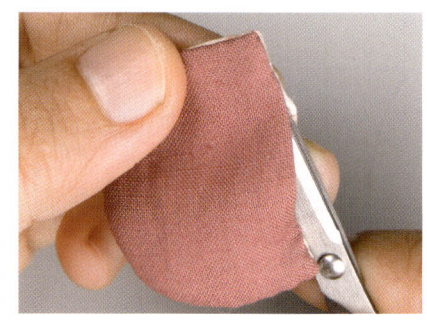

③ 겉으로 뒤집어 모양을 정리한다. 각진 곳은 도구를 이용한다.

④ 곰 귀 완성 :

1. 살짝 볼륨감이 있도록 솜을 약간만 넣는다.

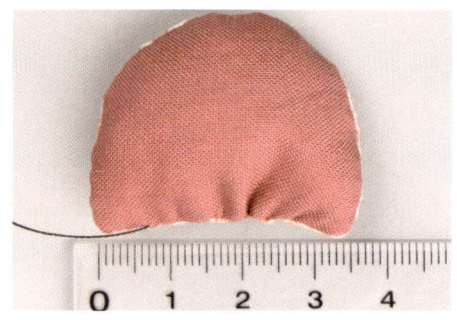

2. 창구멍을 공그르기한 후 실을 당겨 귀 아랫부분이 3.5cm 정도 되게 마무리한다.

응용 강아지, 토끼

강아지 귀 완성 : 창구멍을 공그르기한다. (샘플에는 솜을 넣지는 않았지만 볼륨감 있기를 원하면 살짝 솜을 넣고 공그르기)

토끼 귀 완성 :

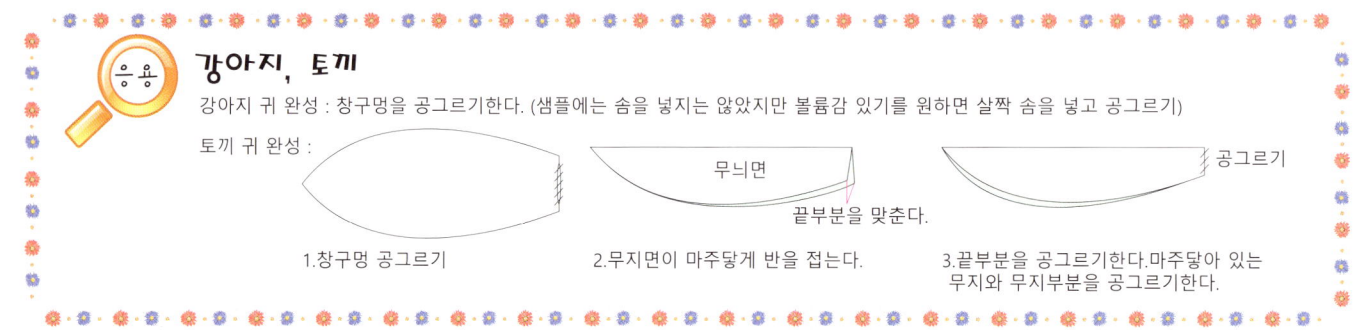

1. 창구멍 공그르기   2. 무지면이 마주닿게 반을 접는다.   3. 끝부분을 공그르기한다. 마주닿아 있는 무지와 무지부분을 공그르기한다.

몸통 만들기

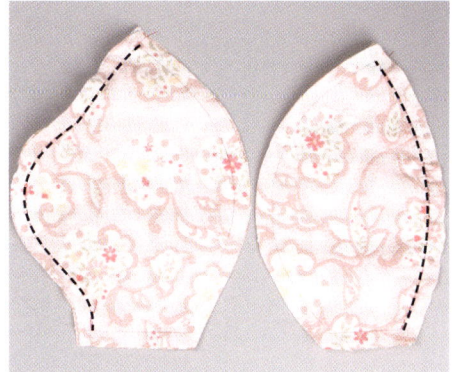

① 앞머리의 앞중심과 뒷머리의 뒷중심을 각각 완성에서 완성까지 꿰맨다.

② 1에서 꿰맨 앞머리와 뒷머리를 옆부분을 맞춰 핀을 꽂는다.

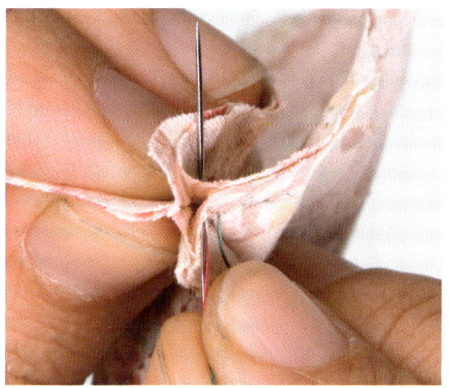

③ 목을 제외한 나머지를 꿰맨다. 네곳이 모이는 정수리 부분은 시접을 들춰서 꿰맨다.

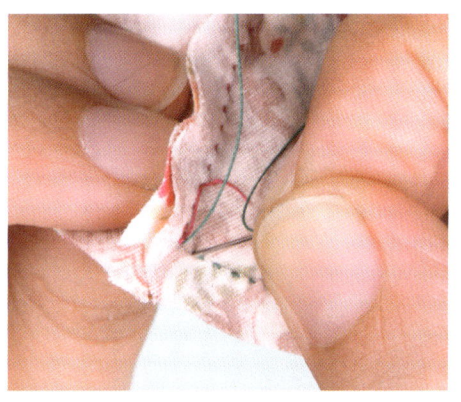

④ 네곳이 모이는 모서리는 되박음질 해줘 튼튼하게 꿰맨다.

⑤ 머리를 꿰맨 모습

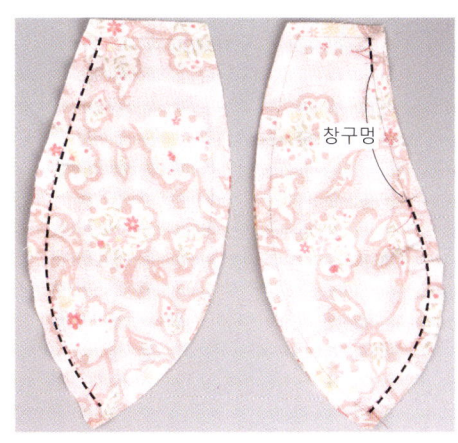

⑥ 앞몸통의 앞중심과 뒷몸통의 뒷중심을 각각 완성에서 완성까지 꿰맨다.
뒷중심에는 창구멍을 남기고 꿰맨다.

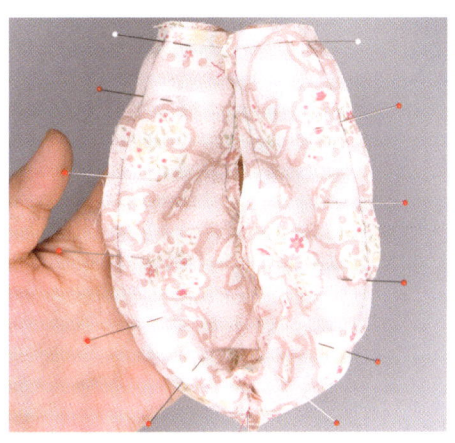

⑦ 6에서 꿰맨 앞몸통과 뒷몸통의 옆을 맞춰 핀을 꽂는다. 목부분을 남기고 완성에서 완성까지 꿰맨다.

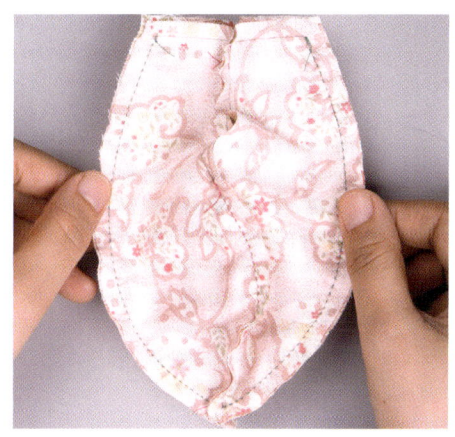

⑧ 아래 몸통을 꿰맨 모습

⑨ 5와 8에서 완성된 것에 각각 가윗집을 준다.

⑩ 머리만 겉이 보이도록 뒤집는다.

⑪ 몸통의 뒷중심과 머리의 뒷중심을 각각 손으로 잡는다.

⑫ 뒷중심 끼리 맞춰 핀을 꽂는다.
(겉끼리 맞대지게 핀을 꽂는다.)

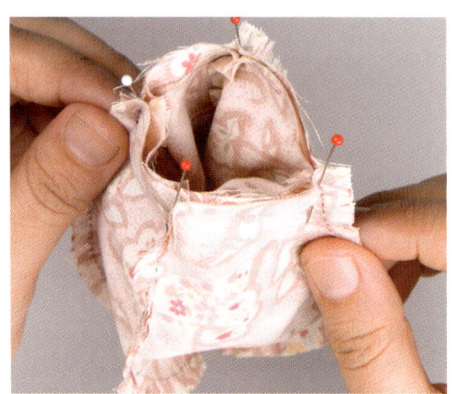

⑬ 머리를 몸통 안으로 정리해 집어 넣고 나머지 목부분을 맞춰 핀을 꽂는다.

⑭ 목부분을 꿰맨다. 네곳이 모이는 곳은 시접을 들춰가며 꿰맨다. 창구멍으로 뒤집는다.

⑮ 뒤집어 겉이 보이는 본체 모습.
솜을 구석 구석 잘 채운 후 창구멍은 공그르기한다. => 몸통 완성

다리와 팔 만들기

① 서로 대칭인 것끼리 마주보게 포갠 후 창구멍과 발바닥 부분을 남기고 꿰맨다.

창구멍

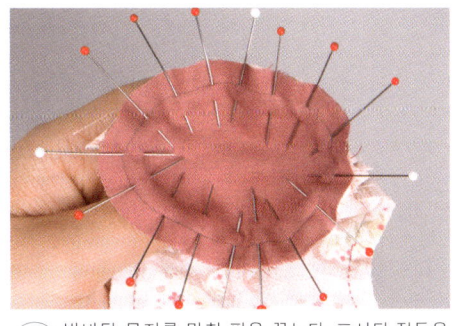

② 발바닥 무지를 맞춰 핀을 꽂는다. 표시된 점들을 맞춰 핀을 꽂고 나머지 사이에도 핀을 꽂는다

③ 앞 뒤를 확인해 가며 꿰맨다.

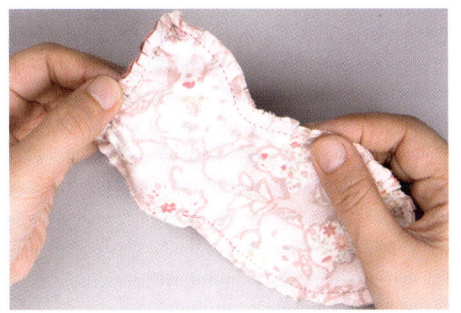

④ 가윗집을 주고 뒤집는다.

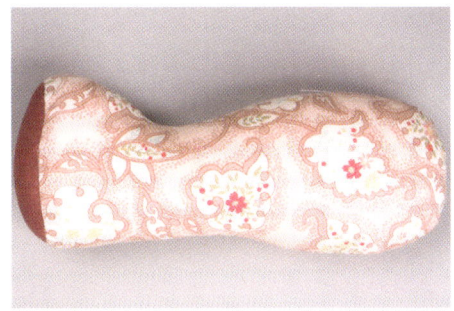

⑤ 솜을 구석 구석 채운 후 창구멍은 공그르기한다.

⑥ 팔도 비슷한 방법으로 만든다.

⑦ 단추를 올려 놓고 단추 위치를 표시한다. 양옆의 간격은 같게, 위와의 간격은 양옆보다 약간 더 띄운다.

귀와 눈 달기

① 귀를 달 위치로 정수리에서 3cm 띄운 곳을 각각 표시한 후 아래 설명처럼 공그르기하여 귀를 단다.

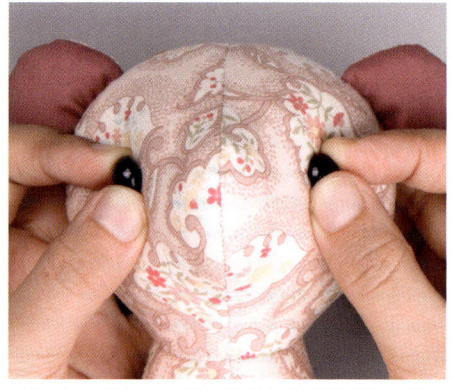
② 눈 위치는 양손에 눈을 잡고 얼굴에 대어 보아 맘에 드는 곳으로 정한다.

③ 긴 바늘을 사용하여 양쪽을 왔다 갔다하며 꿰맨다. 당기면서 꿰매서 약간 들어가게 한다.

귀 다는 방법

표시한 곳에 맞추고 뒷머리 쪽으로 눕혀 핀을 꽂는다.
뒷머리와 귀 뒷면(무늬면)을 먼저 공그르기 한 후
돌아오면서 앞머리와 귀 앞면(무지면)을 공그르기한다.

응용 강아지, 토끼

사진처럼 핀을 꽂고 귀를 공그르기한다.

강아지 :
무늬면을 먼저 공그르기하고
무지쪽을 공그르기한다.

토끼 :
머리와 닿아있는 무늬면을 공그르기하고
돌아오면서는 맨위에 있는 무늬면을
공그르기한다.

팔, 다리 달고 완성하기

① 팔 끝이 목선과 나란하게, 단추 위치가 옆선에 놓이게 하여 핀으로 대충 고정시켜 놓는다.

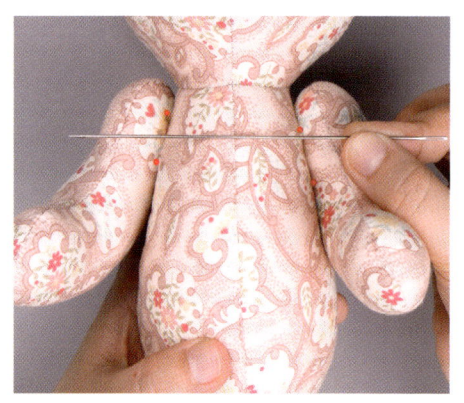
② 반대편 팔까지 통과 할 수 있는 긴 바늘에 실을 끼운 후 양끝을 잡아 매듭을 짓는다. 실은 왔다 갔다 여러번 해야하므로 길게 잘라 사용한다.

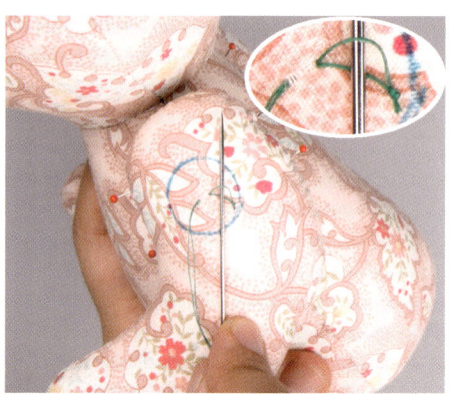
③ 단추 위치 중앙에서 한땀 뜬 후 두가닥 사이로 바늘을 통과시킨다. 그래야 매듭이 다시 빠져 나오는 것을 방지할 수 있다.

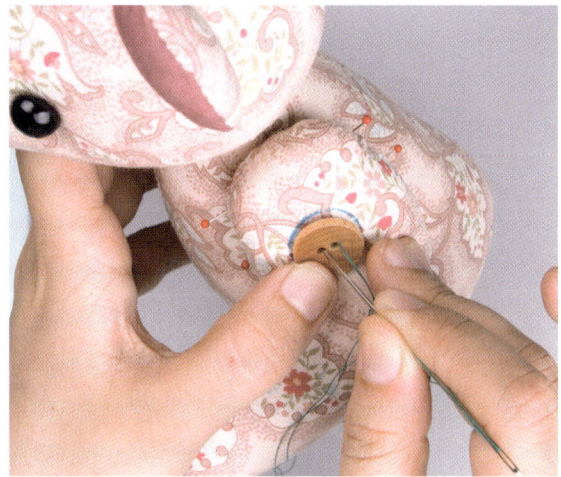

④ 두가닥 실 사이로 나온 바늘에 단추를 끼우고 반대편 단추 위치로 바늘을 보낸다.

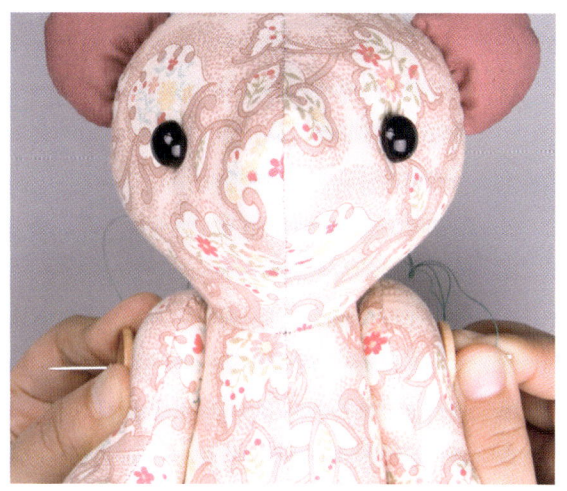

⑤ 단추가 약간 들어 가도록 실을 당겨가며 양쪽을 왔다 갔다 한 후 팔 안쪽에서 마무리한다.

⑥ 다리는 엉덩이가 보이게, 단추 위치가 옆선에 놓이도록 하여 핀으로 대충 고정시킨 후 팔과 같은 방법으로 단다.

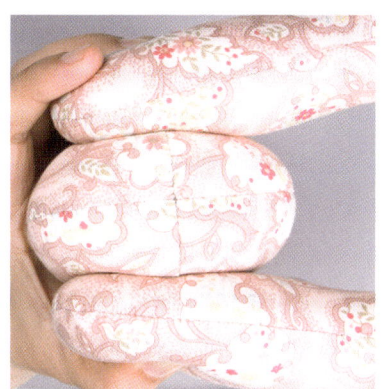

밑에서 본 모습

등뒤에서 본 모습

⑦ 팔과 다리를 단 모습

⑧ 목에 장식 리본을 매준다.

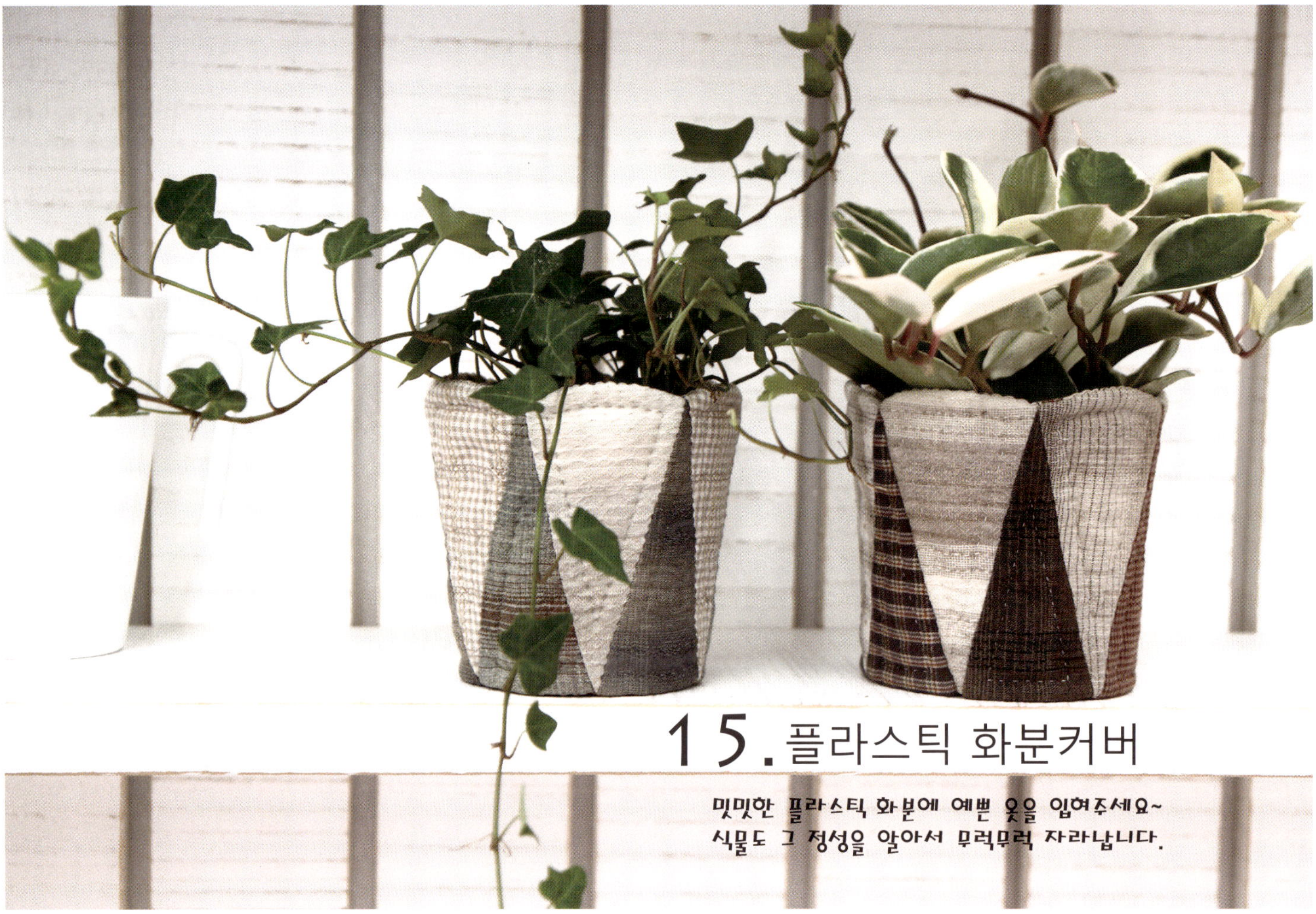

15. 플라스틱 화분커버

밋밋한 플라스틱 화분에 예쁜 옷을 입혀주세요~
식물도 그 정성을 알아서 무럭무럭 자라납니다.

응용
미니 가방
미니 미니해서 꼬마 숙녀의 나들이 가방으로 좋아요~

응용
미니 바구니
다용도 수납함으로 활용이 가능한 미니 바구니예요~

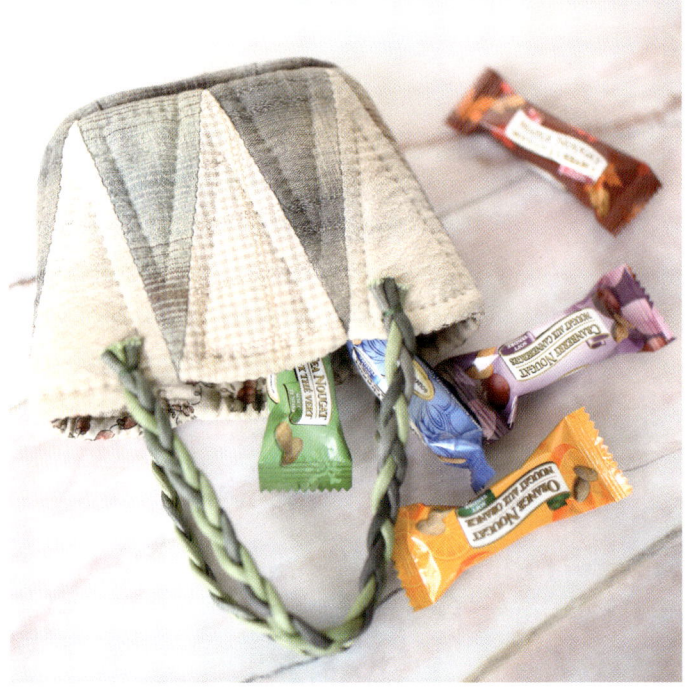

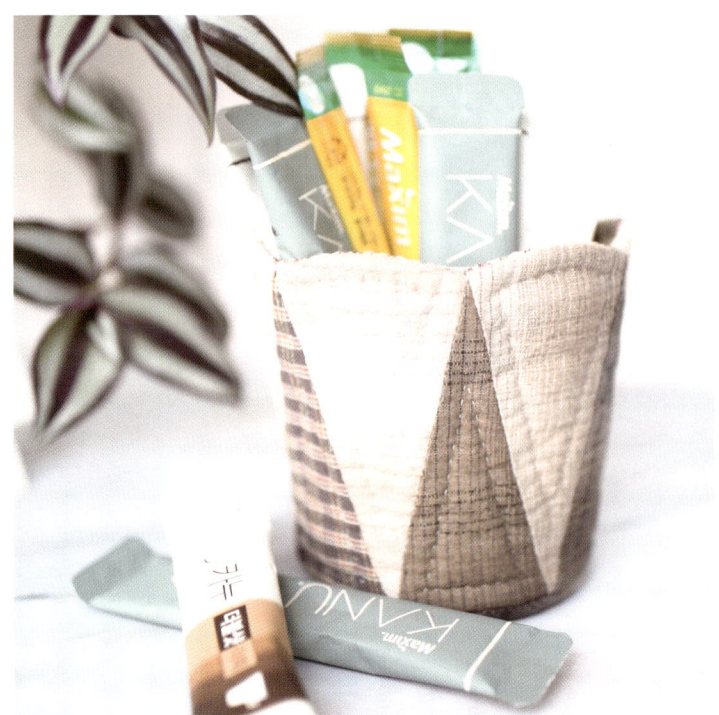

이렇게 만들었어요~

♥ **필요한 재료**
- 공통재료 : 조각천 4종‥안감 1/8마
- 화분커버 : 퀼팅솜 3온스
- 미니 가방 : 밑면 원단 2종‥3mm 면끈 27cm 6가닥‥퀼팅솜 4온스
- 미니 바구니 : 밑면 원단 2종‥바닥용 플라스틱‥퀼팅솜 4온스

♥ **완성크기**
- 화분커버,미니 바구니 : 위(11cm) x 아래(9cm) x 높이(10.5cm)
- 미니 가방 : 위(16.5cm) x 아래(11cm) x 높이(10.5cm) 핸들길이 제외

실물본 B면   실물본 C면

공통 재료 재단하는 방법

천의 안쪽에 시접 0.7cm씩 따로두고 실물본을 이용해 그린다.
뽀족한 끝 부분에도 시접 0.7cm만 둔다. 안감에는 창구멍 위치를 표시한다.

A : 2색 각 3장씩 (시접 0.7cm 따로)
B : 2색 각 3장씩 (시접 0.7cm 따로)

안감 : 1장 (창구멍 위치 표시) (시접 0.7cm 따로)

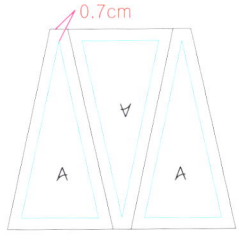
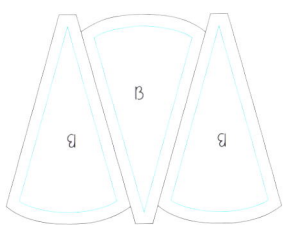
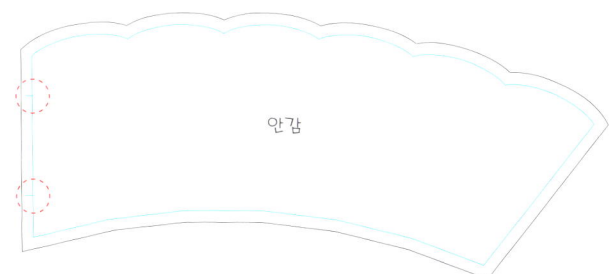

미니 가방 밑면 재단하는 방법

밑면 실물본을 이용해 각각 재단한다. 네군데(A,B,C,D) 표시
밑면 겉감 1장 : 겉면에 재단 (시접 0.7cm 따로)
밑면 안감 1장 : 안쪽면에 재단 (시접 0.7cm 따로)

미니 바구니 밑면 재단하는 방법

밑면 실물본을 이용해 각각 재단한다. 네군데(A,B,C,D) 표시
밑면 겉감 1장 : 겉면에 재단 (시접 0.7cm 따로)
밑면 안감 1장 : 안쪽면에 재단(시접 0.7cm 따로)한 후 창구멍을 위해 가윗집을 준다. (플라스틱 바닥을 넣어줄거라 창구멍이 깔끔하지 않아도된다.)
바닥용 플라스틱 재단 : 실물본대로 1장

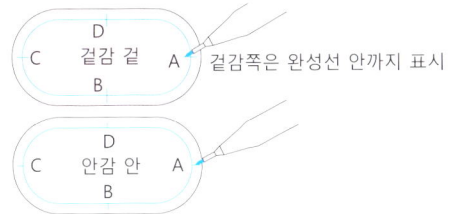
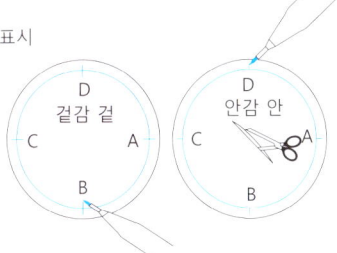

겉감쪽은 완성선 안까지 표시

미니백 밑면 만들기

① 퀼팅솜→겉→안감순으로 포개어 표시부분을 잘 맞춰 핀을 꽂는다. 직선부분에 4cm가량 창구멍을 남기고 꿰맨다.

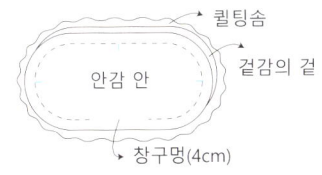

→ 퀼팅솜
→ 겉감의 겉
→ 창구멍(4cm)

② 퀼팅솜이 보이도록 놓고 퀼팅솜을 꿰맨 곳 가까이 자른다.

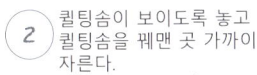
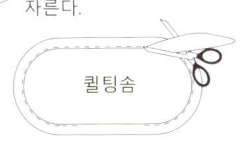

③ 가윗집을 준 후 겉으로 뒤집는다.

④ 겉으로 뒤집어 모양을 정리한 후 창구멍은 공그르기한다.

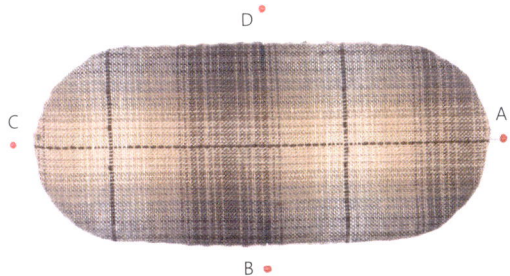

⑤ 네군데 표시해 둔 곳에 핀을 꽂아 둔다.
(완성된 본체랑 맞춰 핀을 꽂을 부분)

미니 바구니 밑면 만들기

① 퀼팅솜→겉→안감순으로 포갠 후 빙둘러 꿰맨다.

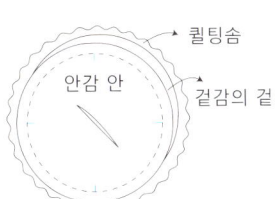

→ 퀼팅솜
→ 겉감의 겉

② 나머지 과정은 미니 가방과 같다. 창구멍은 감침하여 정리한다.

본체 만들기

① 조각을 각각 재단한 후 겉이 보이게 배치한다.

② 첫번째와 두번째를 완성부터 완성까지 꿰맨 후 두번째 쪽으로 시접을 넘긴다.(앞 뒤 완성선을 잘 맞춰 꿰맨다.)

③ 2에서 꿰맨 것에 세번째를 포개 핀을 꽂은 후 시접이 넘어간 채로 완성에서 완성까지 꿰맨다.(앞 뒤 완성선을 잘 맞춰 꿰맨다.)

④ 시접은 세번째 쪽으로 보낸다.

⑤ 같은 방법으로 계속 이어 나간다.

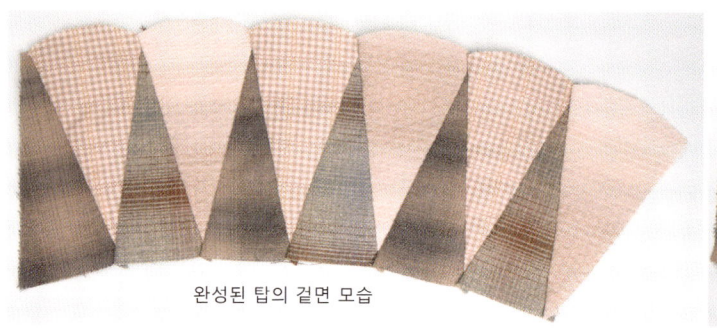

완성된 탑의 겉면 모습

⑥ 탑 완성

완성된 탑의 안쪽 모습

⑦ 퀼팅솜 위에 탑을 겉이 보이게 올려 놓고 그위에 안감을 안이 보이게 포갠다. 탑과 안감의 모서리 부분을 잘 맞춰 핀을 꽂는다.

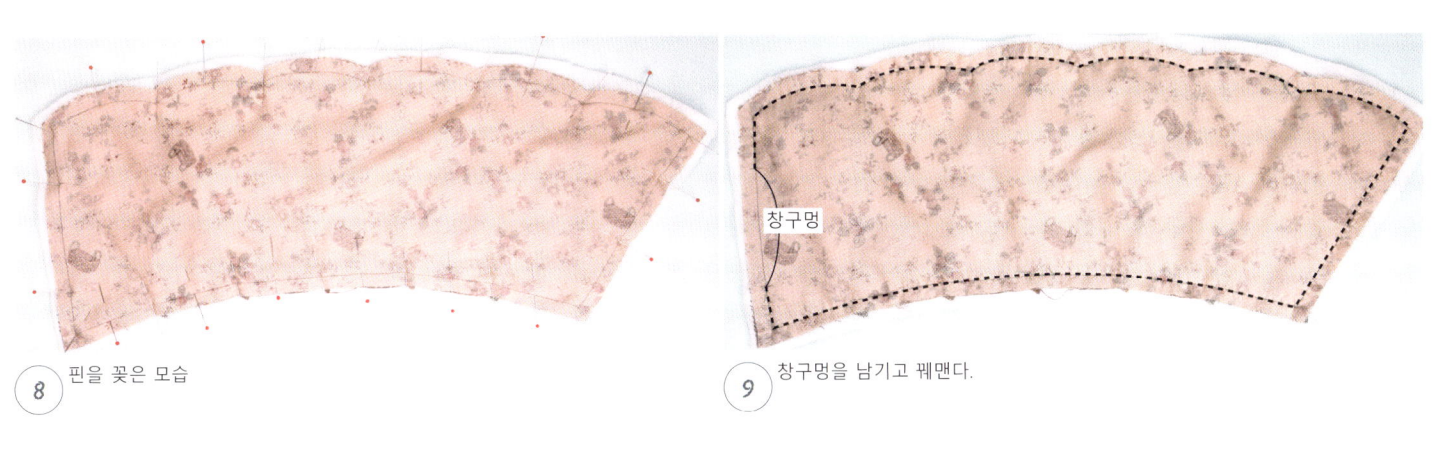

⑧ 핀을 꽂은 모습

⑨ 창구멍을 남기고 꿰맨다.

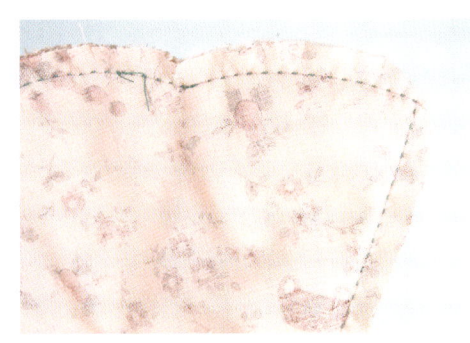

⑩ 퀼팅솜이 보이도록 놓고 꿰맨 곳(완성선) 가까이 퀼팅솜을 자른다.

⑪ 코너와 쏙 들어간 곳, 곡선 부분에 가윗집을 준다.

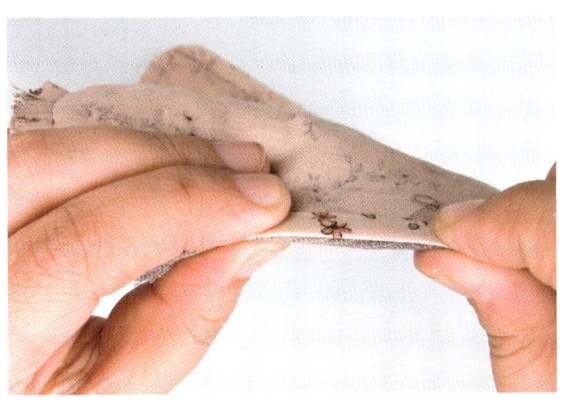

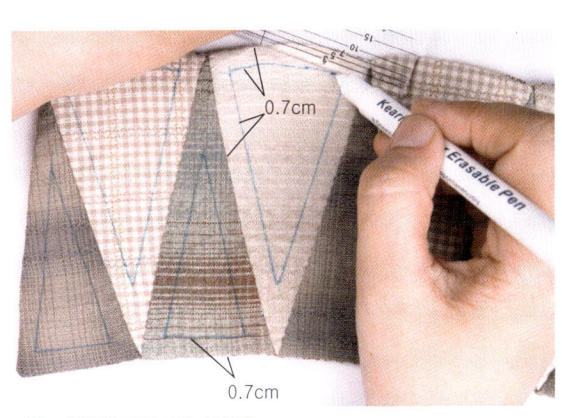

⑫ 창구멍 부분은 양쪽으로 꺾어 손자국을 내준다. 겉으로 뒤집어 모양을 정리해 주고 창구멍은 공그르기한다.

⑬ 겉면에 퀼팅선을 그린다. 각각 완성선에서 7mm 안쪽에 선을 그린다.

⑭ 시침한 후 그려 놓은 선을 퀼팅한다. (A,B,C,D는 밑면 연결시 밑면 표시부분과 맞출 부분)

⑮ 둥그렇게 되게 양끝을 맞춰 잡는다. 사진처럼 연결 될 곳을 먼저 나란히 놓아 본다.

⑯ 그런 후 겉끼리 마주보도록 핀을 꽂는다.

⑰ 나머지도 핀을 꽂는다.

⑱ 마주 닿아 있는 겉면과 겉면을 공그르기한다. 시작과 끝은 튼튼하게 되박음해준다.

⑲ 미니 가방이나 미니 바구니는 밑면을 공그르기로 연결한다. 다음 페이지의 밑면 연결하기 참조

⑳ 겉으로 뒤집는다. 화분커버 완성.

㉑ 미니 바구니 : 실물본대로 자른 바닥용 플라스틱을 넣어준다.
미니 가방 : 손잡이를 달아준다.

화분커버 완성 모습.

밑면 연결하기

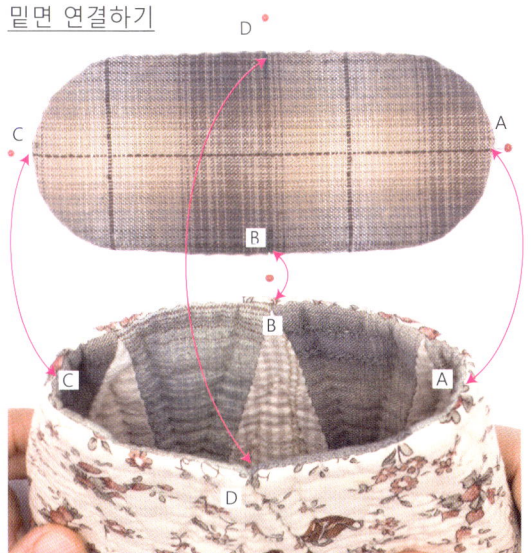

① 밑면 네군데 표시해둔 것과 본체의 표시 부분을 맞춰 겉면끼리 마주 닿게 핀을 꽂는다.

② 네군데 핀 꽂은 모습.

③ 나머지도 중간 중간 맞춰 핀을 꽂고 본체의 끝부분 연결할 때처럼 마주 닿아 있는 겉면과 겉면을 공그르기한다.

미니 가방

미니 바구니

④ 겉으로 뒤집는다.

미니 백 손잡이 만들어 달기
(과정사진은 퀼트선물 만들기에서 발췌한 것으로 만드는 방법은 동일함)

① 27cm로 자른 면끈 3가닥을 맞춰 잡고 끝에서 1cm 띄운 정중앙을 통과한 후 주위를 빙 둘러 두 번 정도 감는다. 가방의 적당한 위치에 얹어놓고 안감과 끈 위를 통과해가며 고정시킨다. (실은 끈과 비슷한 색상을 사용한다)

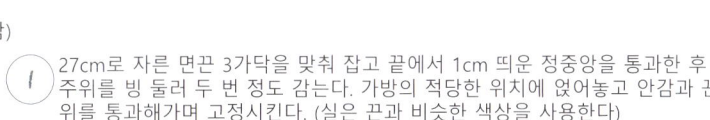

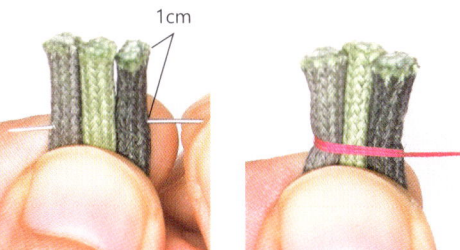

② 땋는다. 중간 이후부터는 3가닥의 남는 길이를 보면서 맞춰가며 땋는다. 처음 시작 부분과 같은 방법으로 끝에서 1cm 되는 위치를 고정시킨 후 가방에 꿰맨다.

16~17. 헤링본스티치 카드지갑 & 통장지갑

단조로워 보일 수 있는 심플한 패턴에 헤링본스티치가 더해져 화려함이 묻어납니다.
도장지갑과 세트로 만들어 선물하셔도 좋아요~~

이렇게 만들었어요~

♥ 필요한 재료
조각천 5종‥바탕체크 1/4마‥안감 1/4마‥여밈용 접착 퀼팅솜(2온스)‥본체용 퀼팅솜(4온스)
수실‥장식단추 2종 각 2개씩‥싸개스냅단추(지름 1.3cm) 2개‥통장내지‥카드내지

♥ 완성크기
카드지갑 펼쳤을 때 가로 17.5cm x 세로 10.5cm (여밈장식 제외)
통장지갑 펼쳤을 때 가로 24cm x 세로 16.5cm (여밈장식 제외)

실물본 B면

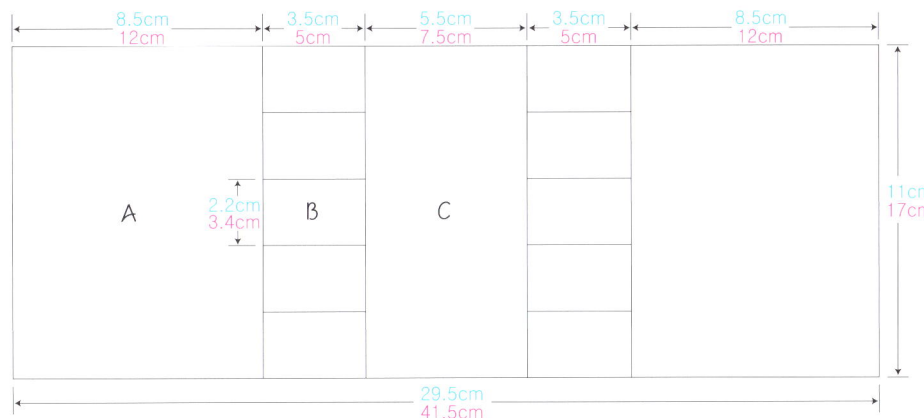

탑(Top) 완성도

카드지갑용 : 파랑색
통장지갑용 : 분홍색
(시접 0.7cm씩 따로)

재단하기

1. 탑 완성도를 참조하여 각 실물본 A,B,C,안감(전체 크기)을 만든다.
   모눈 마분지를 사용하면 편리하다.

2. 각 천의 안쪽에 시접 0.7cm씩 두고 그린다.
   바탕체크 : A 2장, C 1장, 여밈장식 2장
   조각체크 5종 : B 2장씩
   안감 : 전체 크기로 1장

3. 여밈장식용 2온스 접착 퀼팅솜은 실물본 크기대로 1장 재단한다.
   (2온스 접착 퀼팅솜이 없는 경우에는 접착심이나 천을 한장 덧대서 사용한다)

여밈장식 만들기

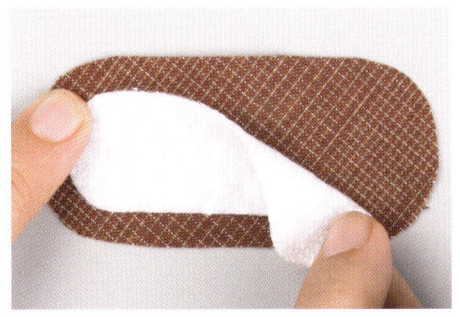

1. 겉천의 안쪽면 중앙에 실물본 크기대로 자른 2온스 접착퀼팅솜의 접착면이 천에 닿도록 올려 놓는다.

2. 조심스럽게 뒤집어 천쪽에서 다림질을 하여 접착솜을 천에 붙인다.

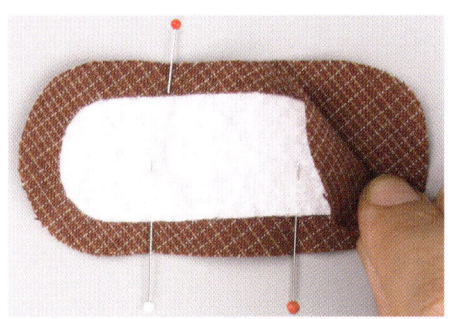

3. 뒷면천과 접착솜이 붙어있는 겉면천을 포개어 핀을 꽂는다.

4. 창구멍을 남기고 퀼팅솜을 따라 꿰맨다.

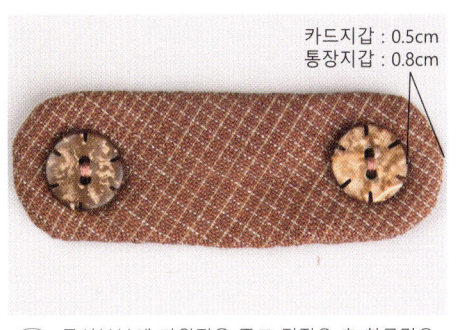

카드지갑 : 0.5cm
통장지갑 : 0.8cm

5. 곡선부분에 가윗집을 주고 뒤집은 후 창구멍은 공그르기하고 양쪽 겉면에 장식단추를 꿰맨다.

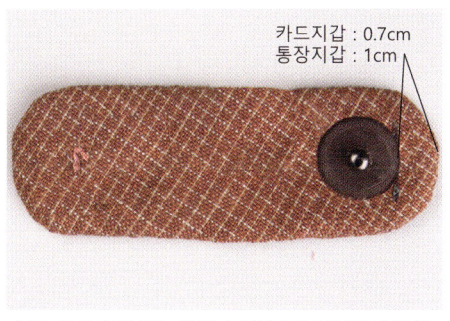

카드지갑 : 0.7cm
통장지갑 : 1cm

6. 뒷면 한쪽에는 싸개 스냅단추의 볼록한 부분을 공그르기로 꿰맨다.

본체 만들기

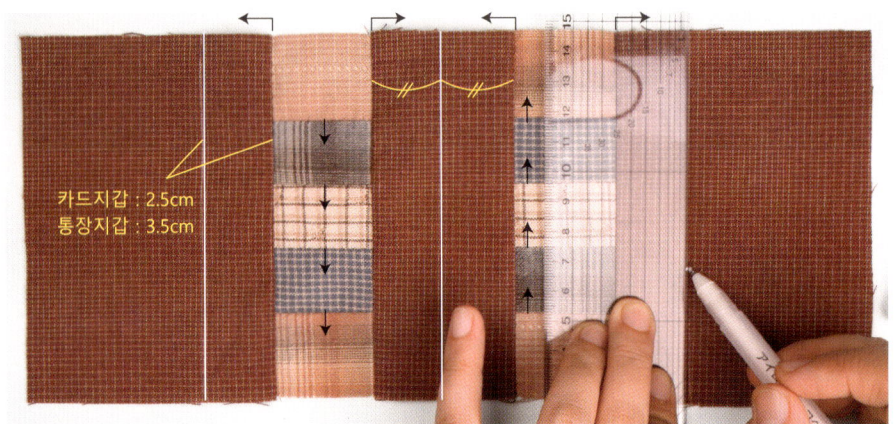
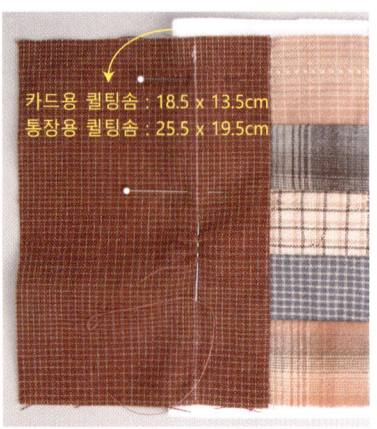

① 조각을 먼저 순서대로 꿰맨 후 바탕체크를 연결한다. 시접은 화살표 방향으로 넘긴다. => 탑 완성
양쪽에 날개선과 본체 중앙선을 그린다.
(양쪽 날개선 바깥쪽은 접혀서 안쪽으로 들어 갈 날개 부분으로 퀼팅솜을 대지 않을 것임)

② 퀼팅솜 위에 탑을 중앙에 맞춰 올리고 양쪽 날개선만 퀼팅한다. 본체 중앙선은 퀼팅하지 않는다.

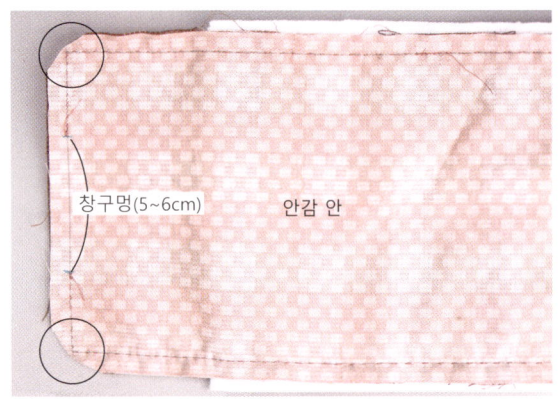

③ 퀼팅솜이 보이도록 놓고 퀼팅선 가까이 퀼팅솜을 자른다. 최대한 가까이 정리한다.

④ 다시 탑이 보이게 돌려 놓고 그 위에 안감을 안이 보이게 올려 놓는다. 안감과 탑을 잘 맞춰 핀을 꽂은 후 창구멍을 남기고 빙둘러 꿰맨다. 각 귀퉁이는 가윗집을 준다.

⑤ 다시 퀼팅솜이 보이도록 놓고 위,아래 퀼팅솜을 꿰맨곳 가까이 정리한다.

⑥ 겉으로 뒤집어 모양을 정리한다. 모서리는 도구를 이용해 모양을 빼내고 외곽은 손톱을 이용해 모양을 정리한다. 창구멍은 공그르기한다.

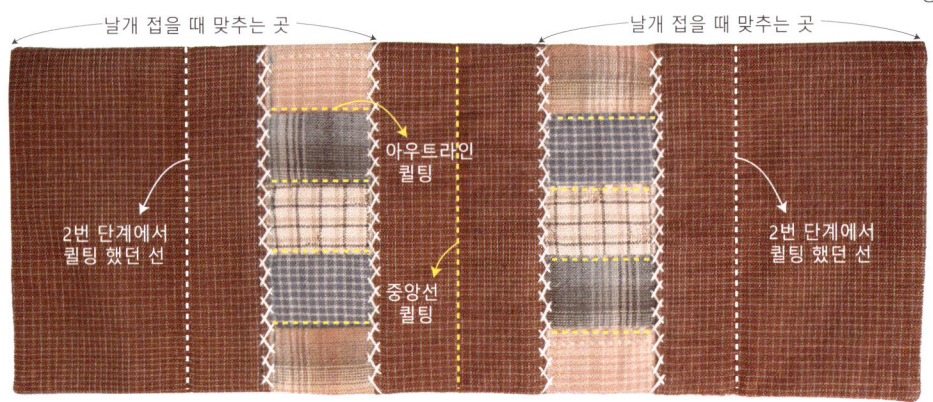

헤링본스티치(Herring-bone Stitch)

좀 더 자세한 설명은 기본적인 바느질 방법 참조

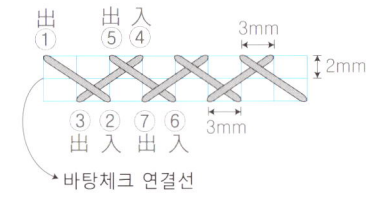

⑦ 노란 점선으로 표시한 중앙선과 조각 이음선(시접이 넘어간 반대편에 1mm 띄워가며)을 퀼팅한다.
바탕체크 연결선 위에는 수실 2겹으로 헤링본스티치한다.

날개 접기

① 날개부분을 접어 일자드라이버가 가리키는 곳에 맞춰 핀을 꽂는다.

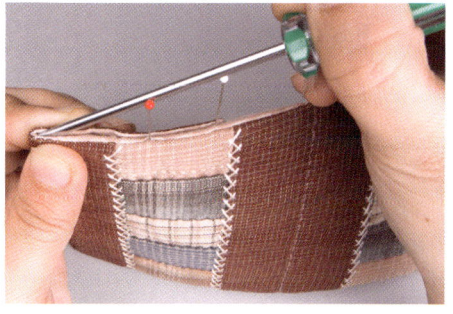

② 모서리 부분 정리에도 일자드라이버가 편리하다.

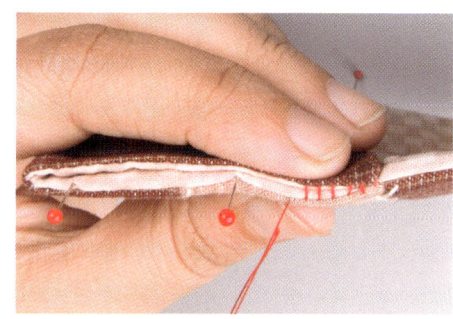

③ 겉과 겉을 공그르기한다. 처음 시작부분은 튼튼하게 두번 바느질 한다.

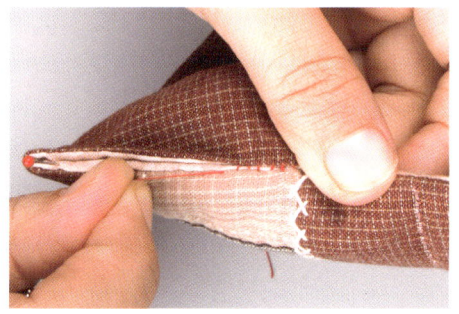

④ 몇땀 뜬 후 실을 당길 때는 날개와 앞면이 나란한 상태로 놓고 당기는 것이 쉽다.

⑤ 같은 방법으로 끝까지 공그르기한다.

⑥ 끝부분은 안감을 안쪽으로 밀어 넣어가며 공그르기한다.

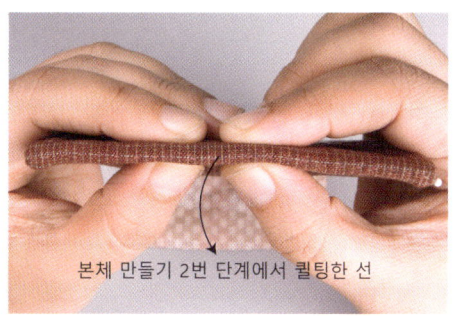

⑦ 날개 부분을 모두 공그르기로 연결한 후에는 날개 구분 짓는 선이 끝으로 오도록 정리해가며 8번 사진처럼 핀을 꽂는다.

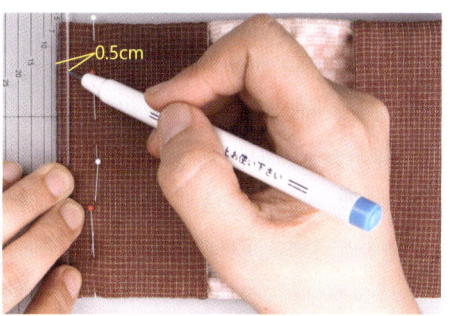

⑧ 끝에서 0.5cm 띄운 선을 그린다.

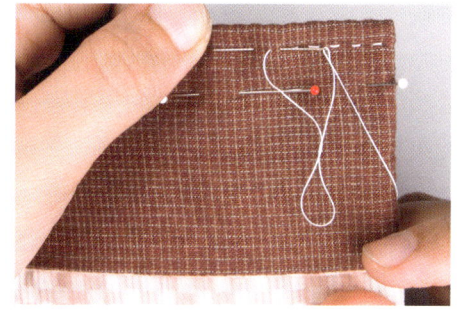

⑨ 선따라 반박음한다. 앞쪽 겉면에 땀이 떠지지 않도록 퀼팅솜까지만 떠지게 땀을 뜬다.

여밈장식 달기

① 이음선에서 0.3cm 띄운 위치에 맞춰 여밈장식을 올려 놓고 여밈 뒷면과 본체를 공그르기한다.

② 여밈을 공그르기하여 꿰맨 모습

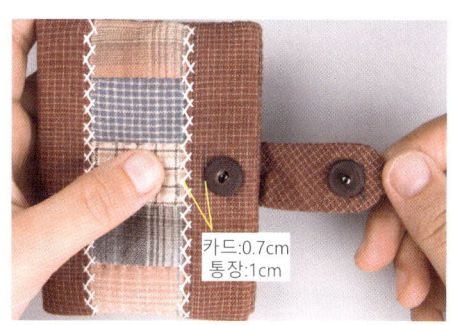

③ 싸개 스냅단추의 오목한 쪽을 본체에 공그르기 한다. 이음선에서 표시만큼 띄워서 단다.

18. 하트 명함지갑

명함이나 카드를 넣을 수 있는 지갑
내지를 사용하는 지갑에 비해
많은 양을 보관 할 수 있고
가벼워서 좋아요~

이렇게 만들었어요~

♥ **필요한 재료**
바탕천 1/8마 ·· 하트용 2종 ·· 안감 1/8마 ·· 정바이어스 3.5 x 62cm ·· 수실 2종 ·· 싸개 스냅 단추(지름 1.3cm)
본체용 퀼팅솜 (4온스) ·· 옆면용 퀼팅솜 (3온스)

♥ **완성크기**
10.5cm x 6.5cm x 두께 2.5cm   실물본 B면

재단하기
필요한 원단 재단 모습

옆면 (시접 0.5cm 따로)
겉감 2장 , 안감 2장을 천 안에 그린다

바인딩용 정바이어스
3.5cm x 62cm (시접 포함)

하트 아플리케용 (시접 0.5cm 따로)
겉면에 수성펜으로 그린 후 재단.
천의 방향은 정바이어스 방향 사용

본체 바탕천 (시접 포함)
실물본을 겉면에 올려놓고
외곽선과 아플리케 위치를 그린 후 외곽선대로 재단한다.

아플리케 천 준비

① 하트의 쑥 들어간 곳에 가윗집을 준다.
완성선에서 2mm 남겨둔 곳까지 자른다.

② 완성선을 따라 시접을 접어가며
손자국을 낸다.

③ 나중에 덧대어질 부분은 제외하고
나머지 부분은 완성 모양대로 시침한다.

④ 나머지 두개의 하트도 같은 방법으로 시침한다.
덧대어질 부분이 없으므로 둘레를 모두 시침한다.

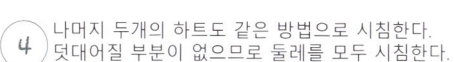
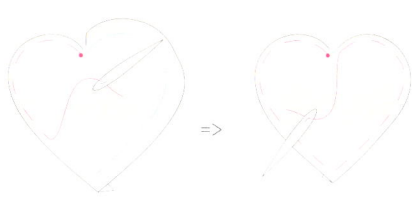

본체 만들기

① 하트 위치에 맞춰 핀을 꽂는다.

② 하트의 안쪽 시접부분을 떠서 완성선으로 나오도록 땀을 뜬다.

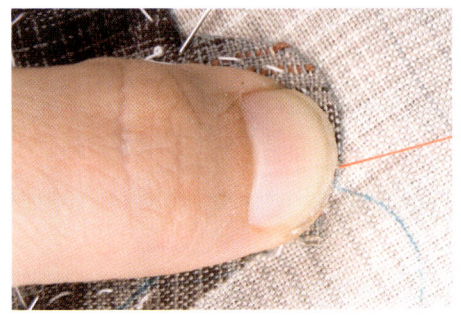

③ 실이 보이지 않도록 지그시 누른 채로 실을 당긴다. (쭈글 거리지 않을 정도로 탱탱하게)

④ 쏙 들어간 곳은 완성 모서리로 바늘을 뺀다음

⑤ 바늘을 완성선 약간 안쪽으로 넣은 후 실을 잡아 당겨서 완성 모서리가 쏙 들어가게 한다.

⑥ 아플리케 바느질이 끝난 후 실은 완성선과 나란하게 천 사이로 보낸다.

⑦ 아플리케 완성모습

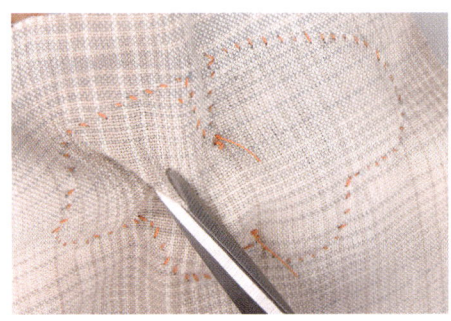

⑧ 아플리케가 끝난 후 아플리케천 아래의 바탕천은 시접 0.7cm 정도 남기고 오려낸다.

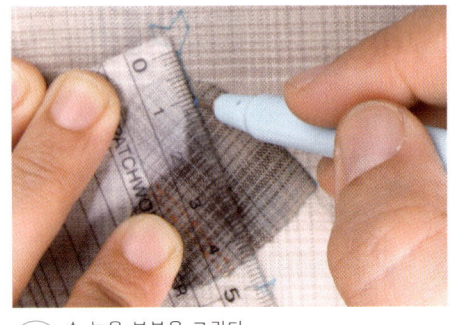

⑨ 수 놓을 부분을 그린다.

⑩ 사진처럼 접어 45° 선을 손자국 낸다.

⑪ 자국난 선을 수성펜으로 그린다.

⑫ 그 선에서 2cm 간격의 선을 그려 나간다. 같은 방법으로 2cm 간격의 격자를 그린다.=>탑완성

⑬ 안감→퀼팅솜→탑 순으로 포갠다.

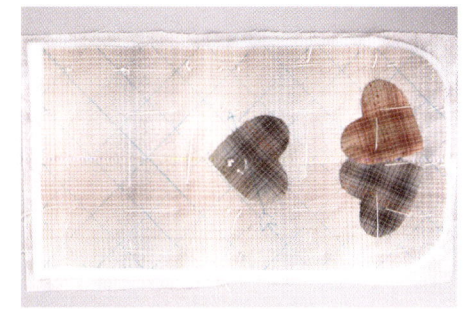

⑭ 시침한 후 그려놓은 격자 선과 하트 주위를 1mm가량 띄워가며 퀼팅한다.

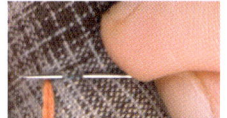  

⑮ 화살대는 수실 네겹으로 줄기수를 놓는다. 솜까지만 떠지게 주의한다.

⑯ 화살촉과 화살끝은 수실 두겹으로 수를 놓는다. 바깥라인을 박음질로 선을 만들어 준 후 안쪽을 채움수로 채워준다. 솜까지만 떠지게 주의한다.

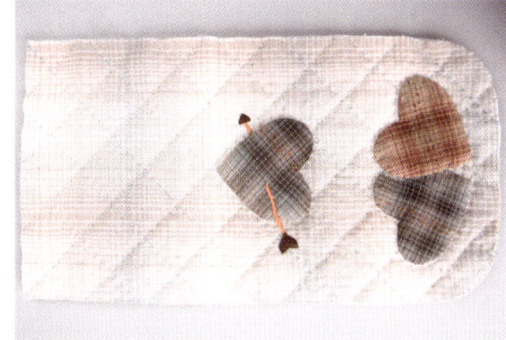

⑰ 겉면 탑에 맞춰 가장자리 퀼팅솜과 안감을 깔끔하게 정리한다.

⑱ 주위를 바인딩한다. (바인딩 천을 탑끝에 맞춰가며 반박음질로 꿰맨 모습)

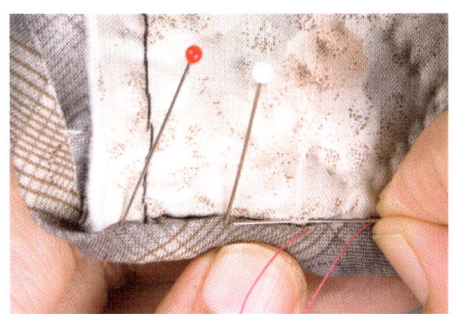

⑲ 안쪽에서 0.7cm 접어가며 공그르기한다. (자세한 사항은 바인딩으로 마무리하기 참조)

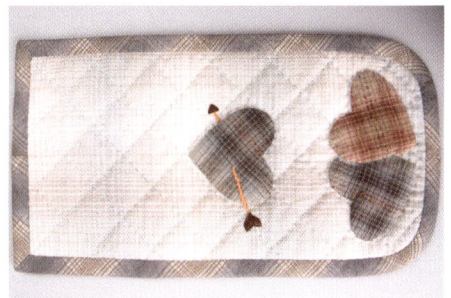

⑳ 바인딩이 마무리 된 상태

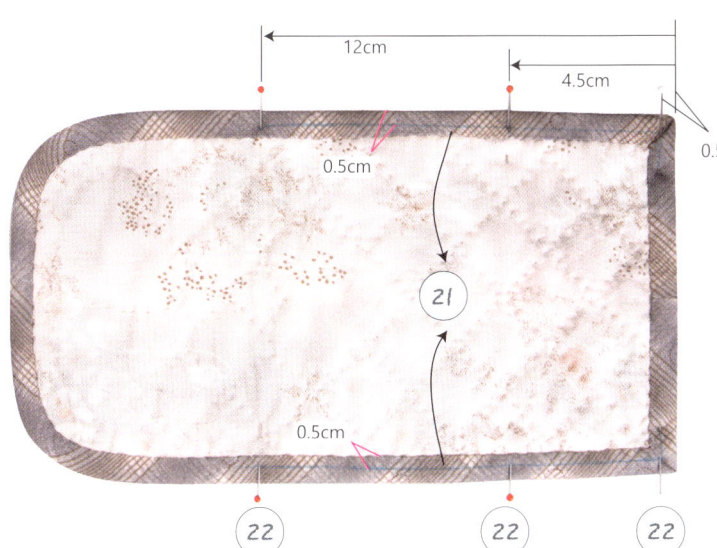

㉑ 위,아래 바인딩 끝에서 0.5cm 띄운 선을 각각 그린다.

㉒ 오른쪽 바인딩 끝에서 0.5cm , 4.5cm, 12cm 되는 곳을 위와 아래에 각각 표시한다. (사진상 핀 꽂은 위치)

옆면 만들기

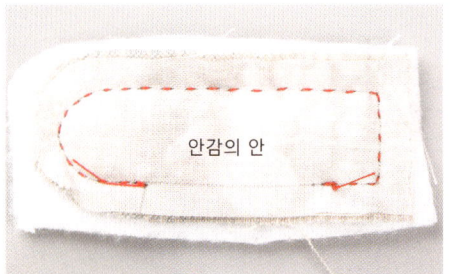

1 퀼팅솜(3온스) 위에 겉감과 안감을 겉끼리 마주보게 포갠 후 창구멍을 남기고 꿰맨다.

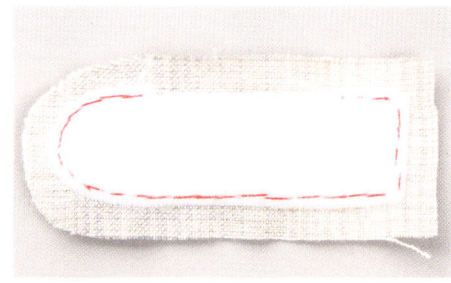

2 퀼팅솜이 보이게 돌려 놓고 퀼팅솜을 꿰맨 곳(완성선) 가까이 자른다.

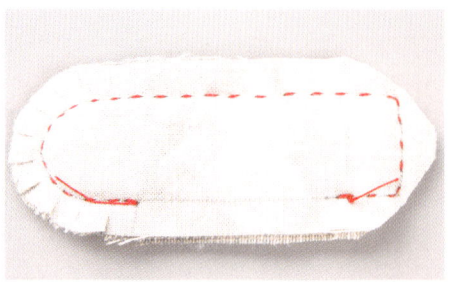

3 곡선과 코너에 가윗집을 준다.

4 겉으로 뒤집어 모양을 잡는다. 코너는 도구를 이용해 각을 빼준다.

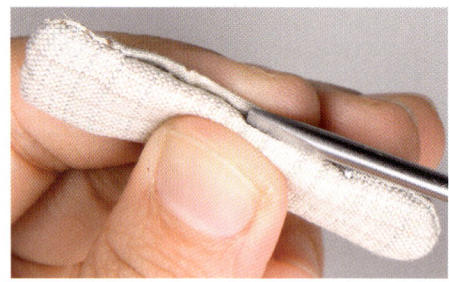

5 창구멍 모양을 정리한 후 공그르기한다.

6 옆면 완성 모습

완성하기

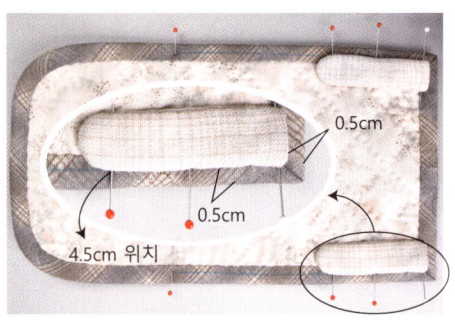

1 각각 옆면을 표시해 둔 선에 맞춰 핀을 꽂는다.

2 마주 닿아 있는 옆면의 안감 끝과 바인딩을 공그르기한다. 4.5cm 표시해둔 곳까지만 꿰맨다.

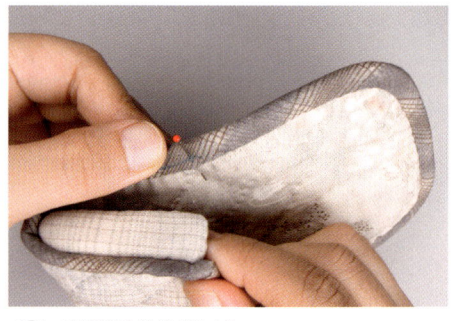

3 사진처럼 맞춰 잡는다.

4 바인딩 끝에서 12cm 표시했던 곳에 옆쪽끝을 맞춰 핀을 꽂고 끝에서 4cm 까지만 공그르기한다.

5 안쪽으로 뒤집어 놓고 연결이 안된 나머지 옆면을 공그르기한다.

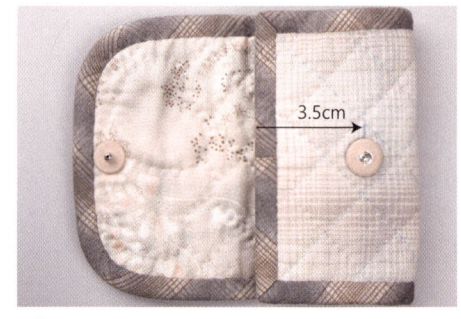

6 싸개 스냅을 공그르기로 달면 완성.

 **심플 명함지갑** 실물본 B면 실물본 C면

아플리케 대신 간단하게 조각잇기한 명함지갑으로 중앙에 줄무늬 원단을 패치하고
그 줄무늬 중간중간에 비즈를 꿰매어 포인트를 준 작품.

1. 본체용 재단(A : 2장, B : 1장)
   실물본의 외곽에는 이미 시접이 포함되어 있는 상태이므로 조각 연결할 부분에만 시접을 따로 두어 재단한다.

2. 본체 조각을 각각 연결한 후 시접은 A쪽으로 넘긴다.

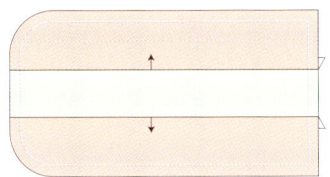

3. 나머지 과정은 하트 명함 보관지갑과 동일

19. 고양이 지갑

야옹~ 야옹~
뒷면에는 고양이가 좋아하는 생선도 달아주어
더더욱 사랑스럽고 귀여운 지갑이에요.

세가지 사이즈로 만들어 보실 수 있어요~
빅 사이즈는 필통으로 사용하기 좋구요.
미디엄 사이즈는 동전지갑이나 묵주지갑 이어폰 수납등등.
미니 사이즈는 앙증맞아 더욱 귀여워요~

미니 사이즈~

이렇게 만들었어요~

♥ **필요한 재료**

공통재료 : 바탕체크 1/8마 ·· 조각천 2종 ·· 안감 1/8마 ·· 수실
미니 : 눈 3mm 2개 ·· 코 하트 4mm ·· 생선눈 씨드비즈 ·· 지퍼 10cm ·· 퀼팅솜 3온스
미디엄 : 눈 4mm 2개 ·· 코 하트 6mm ·· 생선눈 씨드비즈 ·· 지퍼 15cm ·· 퀼팅솜 4온스
빅 : 눈 6mm 2개 ·· 코 하트 8mm ·· 생선눈 3mm ·· 지퍼 20cm ·· 퀼팅솜 4온스

♥ **완성크기**

미니 : 가로 9cm × 높이 5.5cm × 밑폭 2cm
미디엄 : 가로 12cm × 높이 7cm × 밑폭 3.5cm
빅 : 가로 20cm × 높이 10cm × 밑폭 5cm

실물본 B면   실물본 C면

재단하기

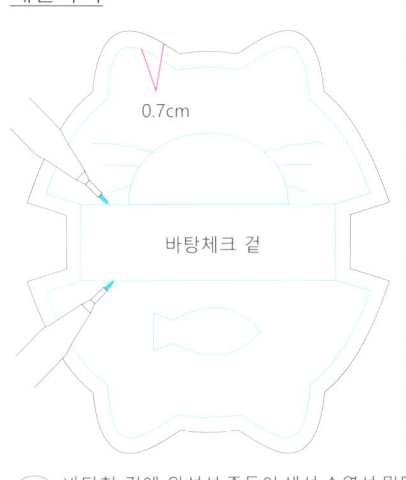

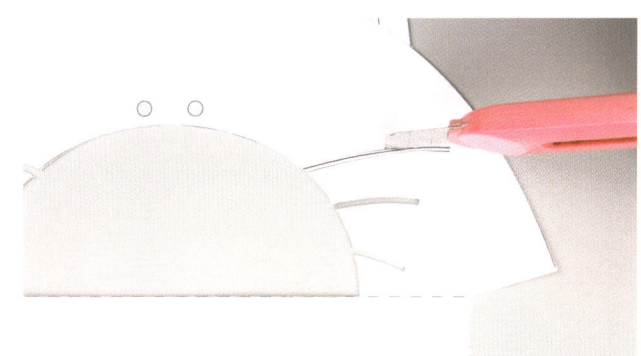

실물본 만들기 Tip

펜이 들어갈 정도의 굵기로 수염선 양쪽을 오려내면 수염선을 그리기 쉽다.

① 바탕천 겉에 완성선, 주둥이, 생선, 수염선, 밑면 퀼팅선을 그린 후 시접 0.7cm 남겨두고 자른다.

② 안감은 천안에 그리고 창구멍 위치를 표시한 후 시접 0.7cm 남겨두고 자른다.

③ 주둥이는 겉에 그리고 수놓을 위치를 표시한 후 시접 0.5cm 남겨두고 자른다. 시접을 접어 넣어 가며 시침해둔다.

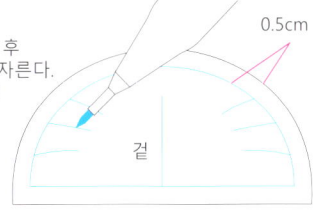
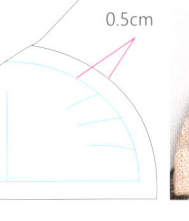

주둥이 시침 모습

④ 생선은 뒷면천 안에 그려서 시접 0.5cm 남겨두고 자른 후 가운데에 가윗집 (1.5~2cm 가량)을 준다. 앞면은 뒷면천과 같은 크기로 자른다.

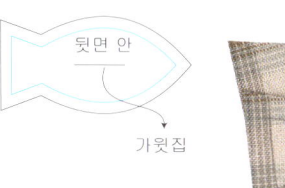

뒷면에 달아 줄 생선 만들기

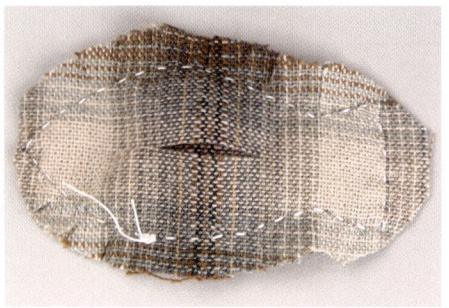

① 앞면과 뒷면을 겉끼리 마주보게 포개어 완성선을 모두 꿰맨 후 가윗집을 준다.

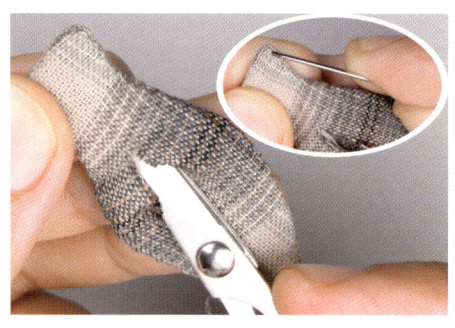

② 뒤집어 모양을 잡는다. 가위나 바늘을 이용해 각진 곳을 잘 빼낸다.

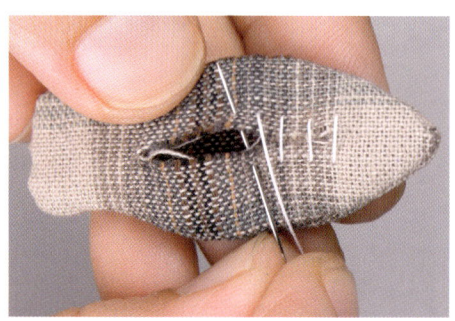

③ 감침하여 창구멍을 막는다.

본체 만들기

① 주둥이를 아플리케 한 후 주둥이 아래에 있는 바탕천은 시접 0.7cm 가량 남겨두고 오려낸다. => 탑 완성

② 퀼팅솜 위에 탑 겉이 보이게 올려 놓고 그 위에 안감 안이 보이게 포갠 후 탑과 안감을 잘맞춘다.

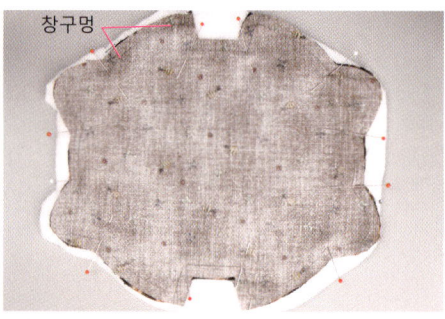

③ 모서리들을 잘맞춰 핀을 꽂은 후 창구멍을 남기고 꿰맨다.

④ 퀼팅솜이 보이도록 돌려 놓고 퀼팅솜을 꿰맨 곳(완성선) 가까이 자른다.

⑤ 쏙 들어간 곳에 가윗집을 준다. 완성선에서 2mm 전까지 자른다.

⑥ 나머지 툭 튀어 나온 곳과 곡선 부분에도 가윗집을 준다.

⑦ 겉으로 뒤집어 모양을 잡은 후 창구멍은 공그르기한다.

⑧ 귀 경계선(앞,뒤 모두), 귓 속(앞 얼굴에만)을 그려준다.

귓 속 그릴 때 띄울 사이즈
빅 : 8mm
미디엄 : 6~7mm
미니 : 4~5mm

⑨ 밑면 퀼팅선을 퀼팅하고 그려 놓은 선과 주둥이 주위 (1mm 띄워 가며)를 퀼팅한다.

앞면 퀼팅 (흰 점선 표시부분)

뒷면 퀼팅 (흰 점선 표시부분)

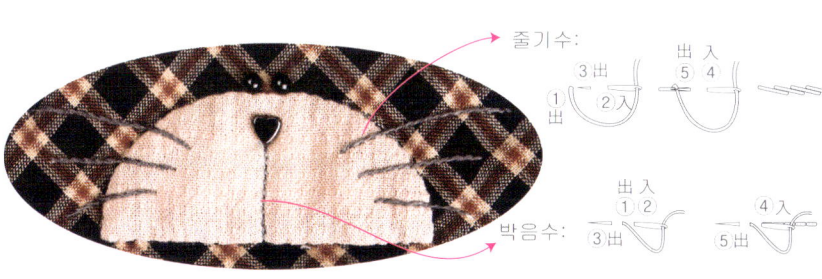

⑩ 수실2겹으로 퀼팅솜까지만 떠지도록 수 놓는다. 눈과 코는 적당한 위치에 안감까지 떠지게 꿰맨다.

⑪ 생선은 입체감이 살도록 눈과 꼬리만 꿰매 고정시킨다. 수실은 2겹을 사용한다. 모두 안감까지 떠지게 꿰맨다. 빅사이즈 생선은 지르러미도 꼬리처럼 수 놓는다.

⑫ 옆을 공그르기로 연결한다. 귀에서 각각 표시 사이즈는 띄우고 연결한다.

⑬ 지퍼 중앙과 본체 중앙을 맞춰 핀을 꽂는다. 이 때 지퍼 쇠끝과 본체의 끝이 나란하도록 맞춘다. (사진은 위에서 찍어 본체가 튀어나와 보이나 실제로는 끝이 나란하도록 맞춘다.)

⑭ 중앙에서 양쪽 바깥쪽으로 핀을 꽂아 나간다.

⑮ 쇠끝에서 6~7mm 띄운 위치를 반박음한다. 보이는 땀이 2mm를 넘지 않도록 뜬다.

⑯ 지퍼 아래는 홈질로 정리한다. 같은 방법으로 반대쪽 지퍼도 꿰맨다.

⑰ 옆선과 밑중심을 맞춘 후 핀을 꽂고 공그르기 하여 밑폭을 완성한다.

⑱ 겉으로 뒤집으면 완성

20. 보넷걸 프레임 파우치

모자를 눌러 쓴 어여쁜 소녀가 아플리케 된 프레임 파우치.
아플리케의 기본을 마스터 할 수 있어요~

이렇게 만들었어요~

♥ **필요한 재료**
바탕천 1/8마 ‥ 아플리케용 7종 ‥ 안감 1/8마 ‥ 수실 2종 ‥ 꽃단추
사각프레임 12.5cm x 높이 6cm(똑딱포함) 또는 지퍼 20cm ‥ 퀼팅솜(4온스)

♥ **완성크기**
가로 19cm x 높이 12cm x 밑폭 6 cm   실물본 B면

참조 : 아플리케하기, 프레임 달기

1. 바탕천은 겉에 전체 외곽선과 아플리케 외곽선을 그리고 안감은 외곽선만 그린후 0.7cm남겨 두고 자른다.(묵직한 것을 올려놓고 그리면 편하다)

2. 아플리케 본을 각각 오린다.

3. 아플리케할 천 겉에 본을 놓고 그린 후 시접 0.5cm 남기고 자른다.

4. 0번을 아플리케할 천에 먼저 아플리케한다. => 2-2가 완성된다.

5. 2-1번 천에 2-2를 아플리케한다.

6. 각 조각들의 시접을 접어 넣어 가며 시침한다. 덧대어질 부분은 접어 넣지도 시침도 않는다.

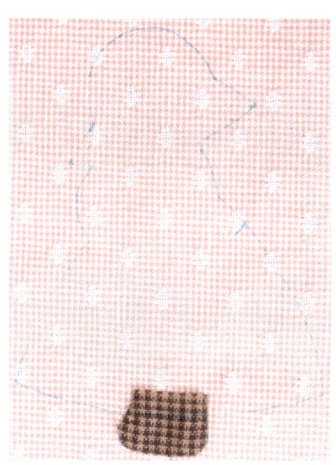
7. 바탕천에 실물본 1번(신발)의 윗부분을 제외한 나머지를 아플리케한다.

8. 5단계에서 만든것(2-1에 2-2번을 아플리케한 것)을 아플리케한다.

9. 실물본 3번(소매)을 아플리케한다.

10. 실물본 4번(모자)의 전체를 아플리케한다.

11. 실물본 5번(바구니)의 전체를 아플리케한다.

12 아플리케가 끝난 후 아플리케 아래의 바탕천은 시접 0.7cm가량 남겨두고 오려낸다.
아플리케 천이 오려지지 않도록 주의한다.
크기가 작은 팔 부분과 신발은 그냥 두거나 살짝 가윗집만 준다.

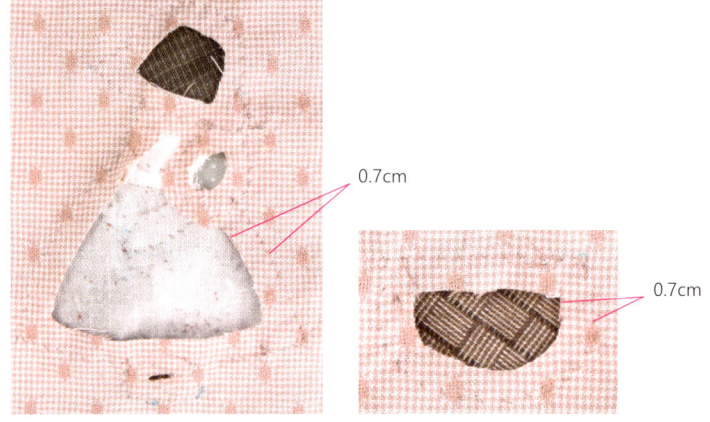

13 퀼팅선을 그린다. 대각선을 먼저 그린 후 격자 퀼팅선을 그린다. 긴 자가 없을 경우에는 달력같은 것을 이용해 선을 긋는다.

14 2.5cm씩 띄운 선들을 그려 나온다.

퀼팅선 그리기가 끝난 모습 => 탑 완성

15 퀼팅솜 위에 탑 겉이 보이게 올려 놓고 그 위에 안감 안이 보이게 포갠 후 윗부분에 창구멍으로 6cm가량 남기고 꿰맨다.
퀼팅솜은 꿰맨 곳(완성선) 가까이 잘라낸다. 귀퉁이 네곳에는 가윗집을 준다.

16 겉으로 뒤집어 모양을 정리한다. 귀퉁이는 도구(일자 드라이버, 핀셋, 젓가락)를 이용해 모양을 잡는다. 창구멍은 공그르기한다.

모자와 줄기를 수성펜으로 그린다.   수실 네겹으로 줄기수를 놓고 단추를 단다.

줄기수:

⑰ 시침을 충분히 한 후 그린 선과 아플리케 주위를 1mm 띄워가며 퀼팅한다.
수실 네겹으로 줄기수를 놓고 꽃단추를 적당한 위치에 꿰맨다. 수는 퀼팅솜까지만 떠지도록 놓고 단추는 안감까지 꿰맨다.

프레임 대신 지퍼(20cm)로 입구를 마무리 할 경우 :
지퍼를 꿰매고 옆선을 연결한다. Lesson 18 지퍼달기 두번째 방법 참조 (지퍼를 본체의 바깥쪽에서 꿰매는 경우)

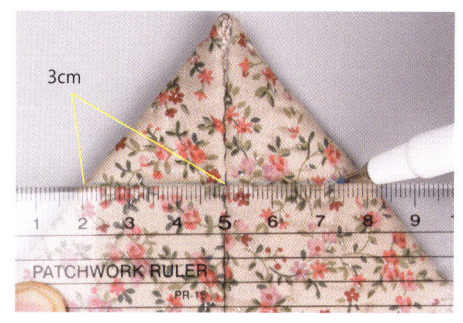

⑱ 겉끼리 마주보게 반 접은 후 옆을 공그르기로 연결한다. 퀼팅실로 마주 닿아 있는 겉과 겉을 공그르기 한다.

⑲ 옆선에서 좌우 3cm 되는 곳에 선을 그린 후 반박음질로 튼튼하게 꿰매 밑폭을 만든다.

⑳ 귀퉁이 삼각부분을 옆선쪽으로 젖혀 감침하거나 공그르기로 붙인다.

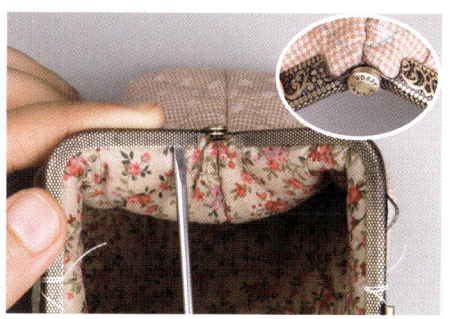

㉑ 겉으로 뒤집는다.

㉒ 본체 중앙과 프레임 중앙을 맞춰 끼워넣고 중앙 부분을 시침한다.
일자드라이버를 사용하여 끼워 넣으면 편리하다.

㉓ 양끝부분도 잘맞춰 끼워넣고 퀼팅실 2겹으로 꿰맨다. 들어갔다 나왔다하여 홈질처럼 끝까지 간 후 돌아오면서 박음질처럼 채운다.

21. 보넷천사 프레임 파우치

보넷을 눌러 쓴 천사가 곁에 있으면
모든 일이 잘 될 거예요~~

이렇게 만들었어요~

♥ 필요한 재료

바탕천 1/8마‥아플리케용 5종‥안감 1/8마‥수실 2종‥별단추
사각프레임 12.5cm x 높이 6cm(똑딱포함) 또는 지퍼 20cm‥퀼팅솜(4온스)

♥ 완성크기

가로 19cm x 높이 12cm x 밑폭 6 cm   실물본 B면

참조 : 아플리케하기, 프레임 달기

1 재단하기

바탕천 1장 (시접 0.7cm 따로)
천의 겉에 전체 외곽선과
아플리케 외곽선을 그리고
시접 0.7cm남겨 두고 자른다.

안감 1장 (시접 0.7cm 따로)
천의 안쪽에 외곽선만 그린 후
시접 0.7cm남겨 두고 자른다

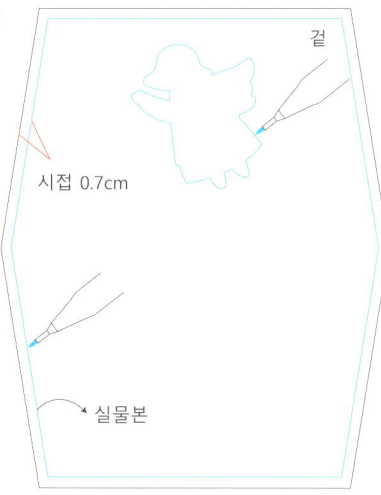

아플리케 천 (시접 0.5cm 따로)
각 천의 겉면에 그린 후 재단해서 완성선따라 손자국을 내준다.
바느질 할 부분의 시접을 접어 넣어가며 시침해둔다.(덧대어질 부분은 제외)

2 번호순으로 아플리케한다.(빨간색 표시부분)

1. 발과 손
2. 치마
3. 앞치마
4. 팔
5. 뒷날개
6. 모자를 아플리케하고 앞날개를 아플리케

3 나머지작업은 보넷걸 프레임 파우치 설명 12번부터 참조하여 진행.

수 놓은 방법

보넷천사 수 놓기 :
수실 4겹을 사용하여
수 놓는다.

줄기수:

한땀으로 수 놓는다.

별 수 놓기 : 수실 2겹을 사용하여 원하는 위치에 원하는 색상으로 마음껏 수 놓는다.

 **지퍼 파우치로 응용**
입구를 프레임 대신에 20cm 지퍼를 꿰매면 또 다른 느낌의 파우치로 완성~~

퀼팅과 수놓기(과정 17번)를 마무리한 후 지퍼를 꿰매고 옆선(과정 18번)을 연결한다.
지퍼는 Lesson 18 지퍼달기 두번째 방법(지퍼를 본체의 바깥쪽에서 꿰매는 경우)을 참조하여 단다.

22. Flying Geese 휠백

휠 가방의 매력은 짝 벌어지는 입구와 무거운 것을 넣어도 틀어지지 않는 형태.
휠을 넣어 생기는 자연스런 실루엣, 그 보다도 더더욱 매력적인 것은 만들기가 쉽다는 것.

훨 대신 면끈을 사용하여
조리개 가방으로 만들어도 예뻐요~

이렇게 만들었어요~

♥ **필요한 재료**
Flying Geese 패턴용 4종··양옆 1/4마··밑바닥용 40x14cm··휠 통로용 11.5(식서)x38.5cm 2줄
안감 40x44cm··퀼팅솜(4온스)··휠 21cm··핸들
바닥 플라스틱(9x 25.5cm)··Option : 바닥 싸개용 안감(20x27.5cm)

♥ **완성크기**
넓은 곳 가로 31cm x 높이 17cm x 밑폭 10cm (핸들 길이 제외)   *실물본 B면*

실물본 만들기
모눈 마분지(방안대지)에 치수대로 표시한 후 오려서 실물본 A, B, 옆면, 밑면, 휠 통로, 안감(전체 크기 : 38x42cm), 바닥을 만든다.

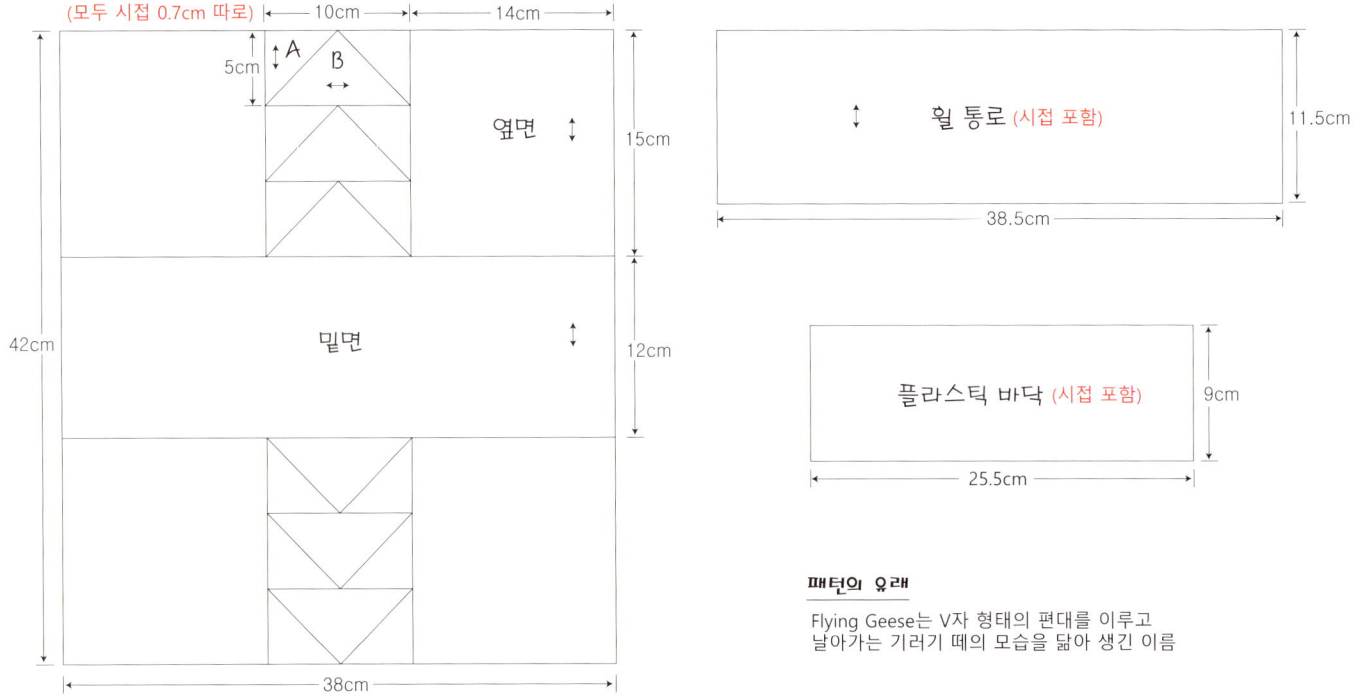

본체용 재단하기
모두 천의 안쪽에 그린다.
Flying Geese용
  A : 12장 (시접 0.7cm 따로)
  B : 3색 각 2장씩 (시접 0.7cm 따로)
옆면(14 x 15cm) : 4장 (시접 0.7cm 따로)
밑면(38 x 12cm) : 1장 (시접 0.7cm 따로)
안감(38 x 42cm) : 1장 (시접 0.7cm 따로)

휠 통로 재단하기
38.5 x 11.5cm 2장 재단 (시접포함)

바닥 플라스틱
25.5 x 9cm 로 자른 후 끝 모서리를 둥글게 처리한다.
그대로 가방 밑에 깔아도 되고 깔끔한상태를 원하면 아래 설명처럼
천(20 x 27.5cm)으로 싸서 넣는다.

Option : 바닥 플라스틱 싸기

① 바닥 싸개용 안감천을 20x27.5cm로 자른 후 길게 반을 접는다. 안으로 1cm 선을 그린 후 ㄴ자로 꿰맨다.

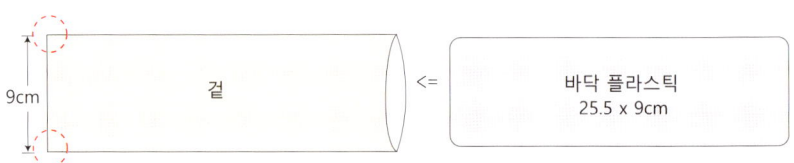

② 두군데(빨간 점선) 코너에 가윗집을 준 후 겉으로 뒤집어 플라스틱 바닥을 끼워 넣는다.
입구부분 시접을 안으로 집어 넣고 공그르기로 막는다. => 바닥 깔개 완성

Flying Geese 연결하기

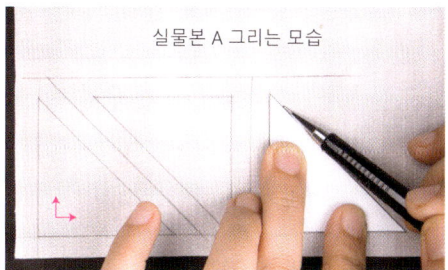

① 천의 결방향에 주의. 모서리 시접은 뾰족하지 않아도 된다. 모서리 끝에서 0.7cm만 필요하다. 꿰매고 난 후 8번 과정에서 정리 할 것이므로 미리 맞춰서 정리 할 필요는 없다.

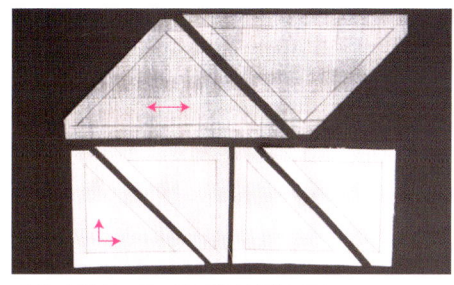

② 실물본 A와 B를 재단한 일부 모습 A는 12장 B는 총 6장 재단한다.

③ 재단한 조각들을 겉이 보이도록 배치한다.

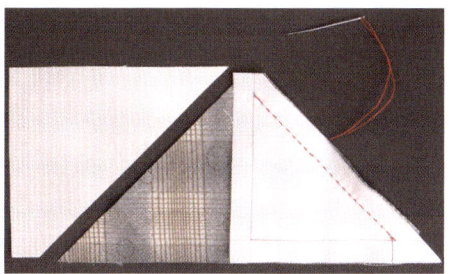

④ 오른쪽 A조각을 B위에 포갠 후 잘 맞춰 핀을 꽂고 완성에서 완성까지 꿰맨다.(계속 꿰매 갈 것이므로 실을 마무리 할 필요는 없다.)

⑤ 시접을 A조각 쪽으로 넘긴다.(패턴을 강조하고자 할 때는 B조각 쪽으로 넘기기도 하나 여기서는 시접이 덜 불편하도록 A쪽으로 넘긴다.)

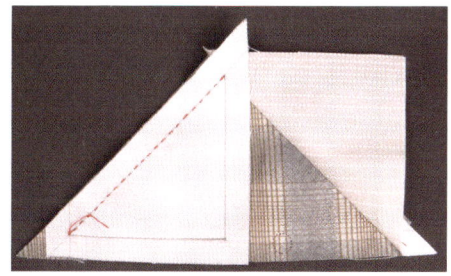

⑥ 시접을 넘긴 후 왼쪽 A조각을 포개 완성에서 완성까지 꿰매고 마무리한다.

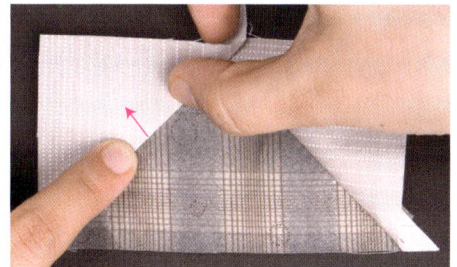

⑦ 시접은 A조각 쪽으로 보낸다.

⑧ 튀어 나온 곳을 정리한다.

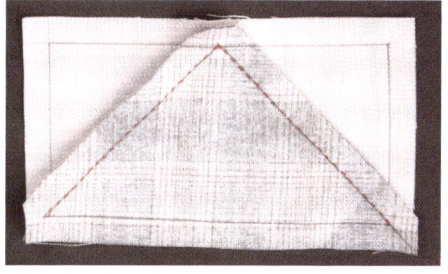

⑨ 정리 하고 난 후의 안쪽 모습
=> 나머지 조각들도 같은 방법으로 꿰맨다.

⑩ 꿰매 놓은 조각들을 순서대로 배치한다.

⑪ 첫번째를 두번째에 포갠후 완성에서 완성까지 꿰맨다

⑫ 시접은 윗단 쪽으로 넘기고 귀퉁이 삼각은 밖으로 빼 준다.

⑬ 시접 넘긴 뒷모습

⑭ 같은 방법으로 세째 단도 연결한다.

탑 완성하기

1. 연결 해 놓은 Flying Geese 패턴에 옆을 각각 시접에서 시접까지 연결한다. 시접은 옆부분 쪽으로 넘긴다.
 -> 2장 만든다.

2. 시접 넘기 모습

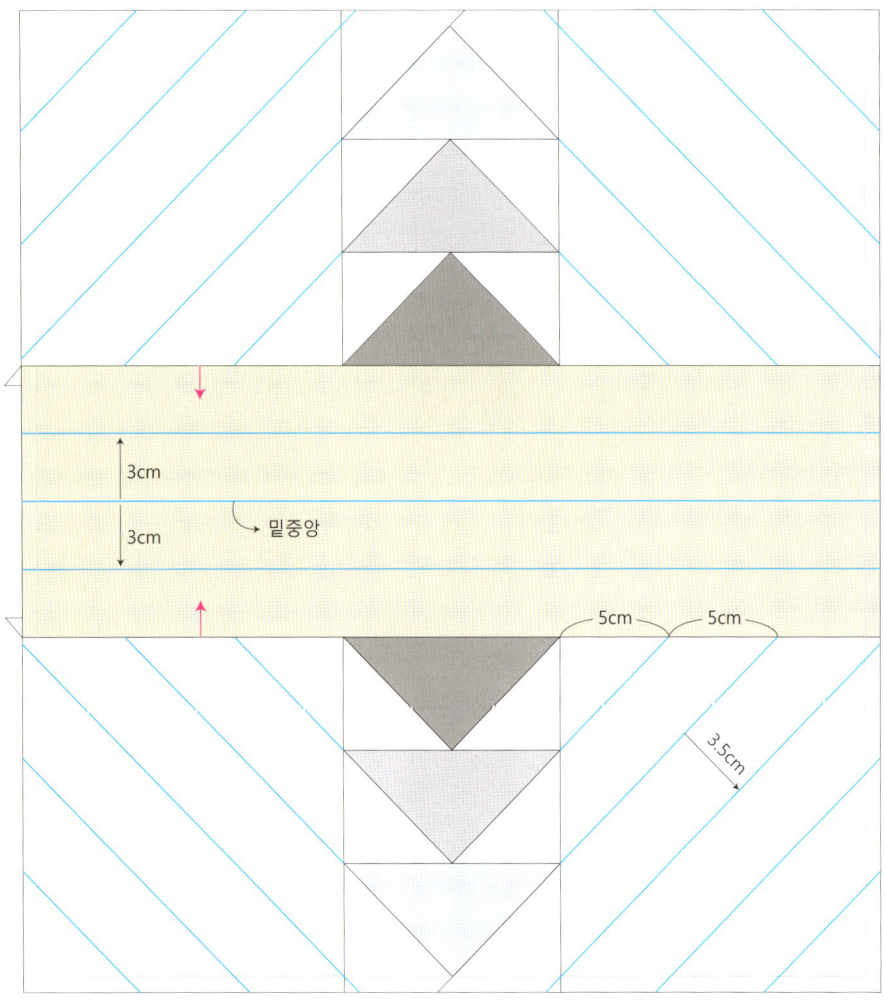  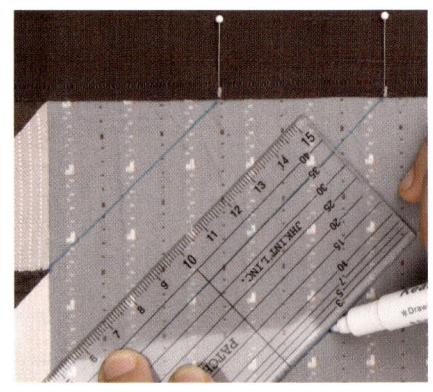

3. 밑부분도 시접에서 시접까지 꿰맨 후 시접은 각각 밑부분 쪽으로 넘긴다. 다림질로 정리를 한 후 겉면에 퀼팅선을 그린다. 밑부분에는 정중앙 선과 중앙에서 3cm 띄운 선을 그리고 옆부분에는 4~5번의 방법으로 사선을 그린다. => 탑 완성

4. 옆 연결선에서 각각 5cm, 10cm 띄운 곳을 표시한다.

5. 표시한 선과 Flying Geese 패턴을 잇는 선을 그린 후 나머지는 3.5cm씩 띄워가며 그린다.

퀼팅솜→탑→안감 순으로 포갠 후 옆선 꿰매고 뒤집기

② 윗부분 퀼팅솜을 탑에 맞춰 자른다.

③ 아래부분 퀼팅솜도 탑에 맞춰 자른다.

① 퀼팅솜 위에 탑을 겉이 보이게 올린 다음 탑의 위와 아래 끝쯤을 시침한다. 2~3번의 사진처럼 위 아래 퀼팅솜을 탑에 맞춰 자른다.

④ 탑 위에 안감을 안이 보이게 포개어 탑과 안감의 옆을 잘 맞춰 핀을 꽂는다. 양옆을 시접에서 시접까지 꿰맨다.

⑤ 퀼팅솜이 보이도록 돌려 놓고 양옆 퀼팅솜을 꿰맨 곳 가까이 자른다.

⑥ 겉으로 뒤집어 모양을 정리한다.

⑦ 위, 아래 입구부분의 탑과 안감을 맞춰서 다시 한 번 시침한다.

시침하고 퀼팅하기

① 시침을 충분히 한다.

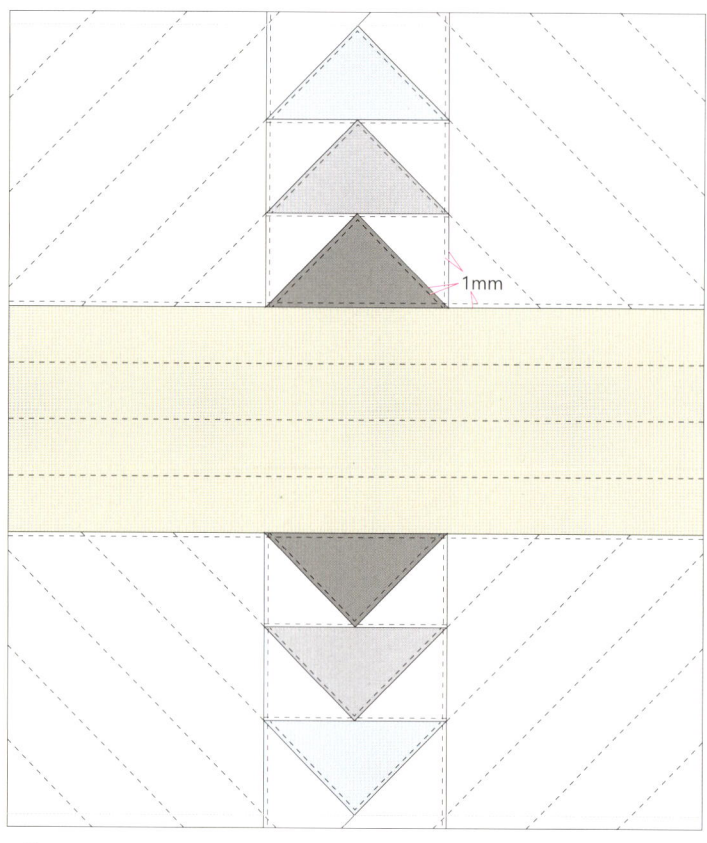

② 그려 놓은 선을 퀼팅한 후 조각 이음선을 따라 아웃트라인 퀼팅한다.
(이음선에서 1mm 가량 띄워가며 시접이 넘어 간 반대편에 하는 퀼팅)

완성하기

① 시침실은 제거하고 겉끼리 마주보게 반을 접어 옆선을 공그르기로 연결한다. 마주닿아 있는 겉과 겉을 공그르기한다.

② 옆선과 밑중앙 선을 맞춰 놓고 손을 넣어 구겨지는 곳이 없도록 정리 한다.

③ 옆선에서 좌우 각 5cm 되도록 선을 그린다. 반박음질로 튼튼하게 꿰맨다.

④ 삼각부분을 옆면 쪽으로 눕혀 공그르기로 붙여 정리한 후 겉으로 뒤집어 놓는다.

⑤ 휠 통로로 재단한 천을 겉끼리 마주보게 반 접고 양끝에 0.7cm 선을 그린 후 꿰맨다.

⑥ 사진처럼 끝을 지긋이 누르고 뒤집는다.

⑦ 모서리 각을 잘 살려 모양을 잡는다.

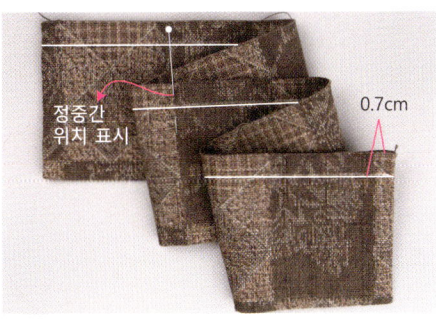
⑧ 안쪽으로 사용할 곳 끝에 0.7cm 선을 그리고 정중간 위치를 표시해 둔다. => 2장 만든다.

⑨ 휠 통로 중앙과 본체의 중앙을 먼저 맞춰 핀을 꽂은 후 휠 통로의 끝과 옆선을 맞춰 핀을 꽂는다. 사이 사이에도 핀을 여러개 꽂는다.

⑩ 그려놓은 0.7cm 선을 반박음질로 꿰맨다.

⑪ 휠 통로 끝을 안쪽으로 꺾어내려 10에서 꿰맨 바느질 선이 살짝 가려지게 공그르기 한다.

⑫ 본체에 휠 통로를 꿰맨 모습.

⑬ 핸들을 꿰맨다. 휠 통로부분에는 꿰매지지 않게 위치를 잡는다.

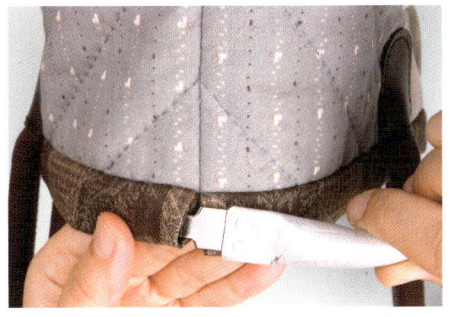
⑭ 휠을 끼운다. (휠에 끼워져 있는 나사를 빼서 분리 시킨 다음 끼운다.)

⑮ 긴 나사를 밖에서 안쪽으로 끼운다.

⑯ 짧은 나사를 안쪽에서 끼워 넣어 잠근다.

⑰ 본체가 한쪽으로 쏠리지 않도록 정리한다.

⑱ 밑바닥을 끼워 넣으면 완성.

 ### 조리개 가방

휠 대신에 면끈을 이용하면 조리개 가방으로 변신~
입구를 넓게 사용할 때와 조여서 사용할 때의
느낌이 달라 두개의 가방인듯한 것이
이 가방의 또 다른 매력이예요~

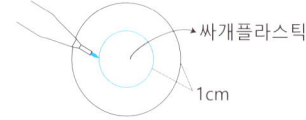

♥ **필요한 재료**

Flying Geese 패턴용 4종‥양옆 1/4마‥밑면과 입구여밈용 1/8마‥면끈 통로용 11.5(식서)x38.5cm 2줄
안감 40x44cm‥자석(1.4cm) 1개‥싸개플라스틱(지름 2.7cm) 2개‥퀼팅솜(4온스)‥3mm 면끈 2마
바닥 플라스틱(9x 25.5cm)‥바닥 싸개용 안감(20x27.5cm)‥끝종 2개‥핸들

♥ **완성크기**

넓은 곳 가로 36cm x 높이 17cm x 밑폭 10cm (핸들 길이 제외)   실물본 B면   실물본 C면

본체용 재단하기

모두 천의 안쪽에 그린다.
Flying Geese용
　　실물본 A : 12장 (시접 0.7cm 따로)
　　실물본 B : 3색 각 2장씩 (시접 0.7cm 따로)
옆면용 체크
　　옆면(14 x 15cm) : 4장 (시접 0.7cm 따로)
　　플라스틱 싸개용 : 2장 (싸개플라스틱 + 시접 1cm 따로)

밑면용 무지
　　밑면(38 x 12cm) : 1장 (시접 0.7cm 따로)
　　여밈장식 실물본 : 2장 (시접 0.7cm 따로)
안감(38 x 42cm) : 1장 (시접 0.7cm 따로)

면끈 통로 재단하기

38.5 x 11.5cm 2장 재단 (시접포함)

바닥 플라스틱

25.5 x 9cm 로 자른 후 끝 모서리를 둥글게 처리한다.
그대로 가방 밑에 깔아도 되고 깔끔한상태를 원하면
천(20 x 27.5cm)으로 싸서 넣는다.

여밈장식 만들기

① 안감이 될 천에 창구멍을 만든다. 그림처럼 반을 접고 가윗집을 준다.

② 퀼팅솜→겉→안감순으로 포갠 후 모두 꿰맨다.
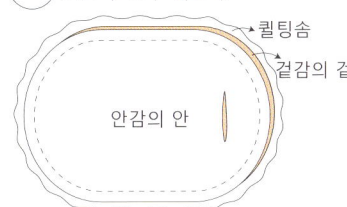

③ 퀼팅솜이 보이도록 놓고 퀼팅솜을 꿰맨 곳 가까이 자른다.
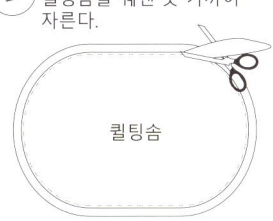

④ 가윗집을 준 후 겉으로 뒤집는다.

⑤ 창구멍은 감침질로 막고 끝에서 1cm 안쪽을 그린 후 퀼팅한다.
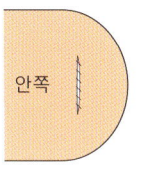 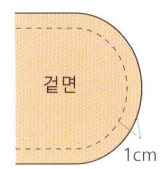

⑥ 안쪽에는 자석(凹)을 꿰매고 겉면에는 끝에서 2cm 띄운 곳에 싸개단추를 각각 공그르기한다.
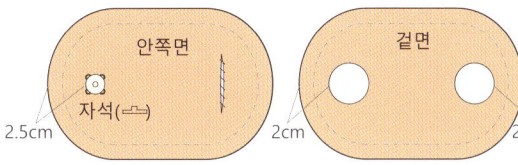

싸개단추 만들기
1. 주위를 홈질한 후 싸개플라스틱의 오목한 부분이 보이게 올려놓는다.
2. 잡아당겨 마무리한다.
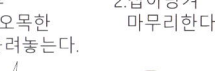
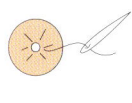

본체 만들고 여밈 장식 달기

① 앞의 휠 가방 만들기와 동일한 방법으로 만들어 핸들까지 단다.

② 가방 앞부분엔 자석(凸)을 사진 위치에 꿰맨다.

③ 가방의 뒷면에 여밈장식(창구멍 있는 부분이 닿도록)을 올려놓고 빨간색으로 표시된 부분을 공그르기한다. (면끈 통로에는 꿰매지지 않도록 주의)
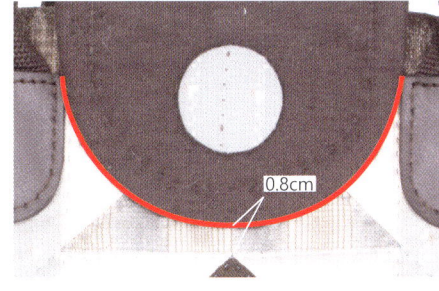

면끈 넣고 완성하기

① 면끈(90cm)의 한 쪽 끝에 옷핀이나 빵끈을 묶어 놓는다.

② 면끈 통로를 통과해서 한바퀴 돌아 나온다.
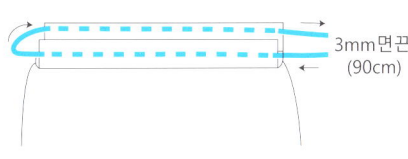

③ 두줄을 나란하게 모아 끝종을 통과하게 한 후 끝을 한번 돌려묶는다.

④ 줄을 잡아당겨 매듭을 끝종 속으로 숨긴다.

⑤ 반대편 줄도 같은 방법으로 만들면 완성

23. 귀요미 크로스백

꼬마 숙녀의 나들이에 제격인 미니 크로스백
사랑스런 냥이 커플의 모습이 더더욱 귀여워요~

이렇게 만들었어요~

♥ **필요한 재료**
바탕 40(식서) x27cm ‥조각원단 3종‥안감 33x16cm
눈 4mm 4개‥씨드비즈 2종(고양이 코, 생선 눈)‥수실
13mm 싸개스냅‥크로스핸들
본체용 퀼팅솜 4온스‥뚜껑용 퀼팅솜 2온스 접착솜

♥ **완성크기**
12cm x 16cm x 밑폭 3cm (핸들길이 제외)   실물본 C면

재단하기

바탕천 : 뚜껑 한장만 안쪽에 그리고 나머지는 천의 겉쪽에 그린다.
A : 1장 (시접 0.7cm 따로)
B : 1장 (시접 0.7cm 따로)
뚜껑 : 2장 (시접 0.7cm 따로)
고리용 : 3 x 4cm (시접포함)
바인딩용 : 3.5 x 27cm (시접포함)

안감 : 천의 안쪽에 그리고 밑중심을 표시해둔다.
전체 실물본 : 1장 (시접 0.7cm 따로)

생선 : 2장 (시접 0.5cm 따로)
생선은 뒷면 안에 한장 그려서 시접 0.5cm 남겨두고
자른 후 가운데에 창구멍으로 가윗집(1.5~2cm)을 준다.
앞면은 뒷면천과 같은 크기로 자른다.

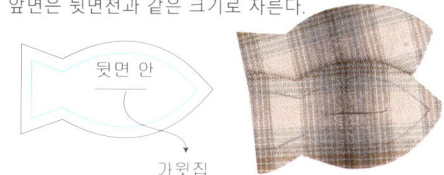

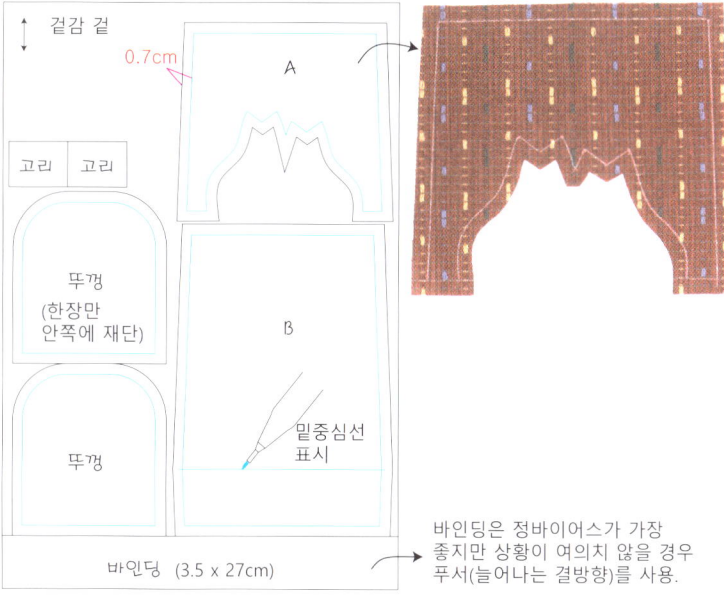

바인딩은 정바이어스가 가장 좋지만 상황이 여의치 않을 경우 푸서(늘어나는 결방향)를 사용.

아플리케용 (시접 0.5cm 따로)
천의 겉쪽에 그려 그림처럼 가윗집을
준 후 완성 모양대로 시침한다.
(나중에 덧대어질 부분은 제외하고 시침)

1. 완성선따라 접어가며 손자국을 낸다.
2. 시접을 접어넣어가며 시침한다.
3. 튀어나온 곳을 안으로 접어넣어 시침한다.

뒷면에 달아 줄 생선 만들기

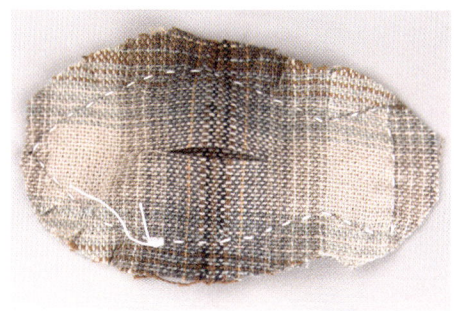

① 앞면과 뒷면을 겉끼리 마주보게 포개어 완성선을 모두 꿰맨 후 가윗집을 준다.

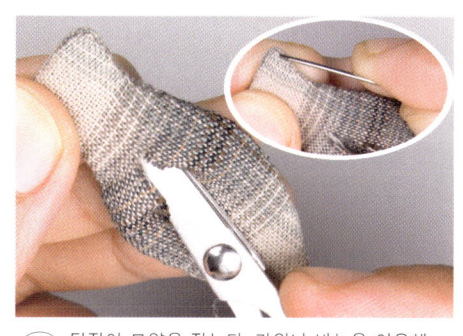

② 뒤집어 모양을 잡는다. 가위나 바늘을 이용해 각진 곳을 잘 빼낸다.

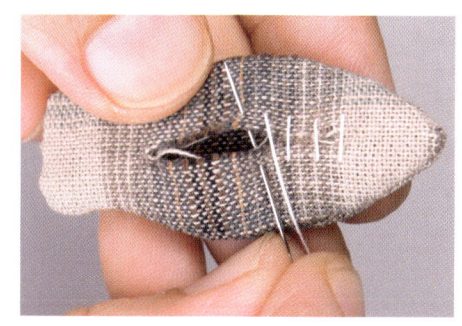

③ 감침하여 창구멍을 막는다.

본체 만들기

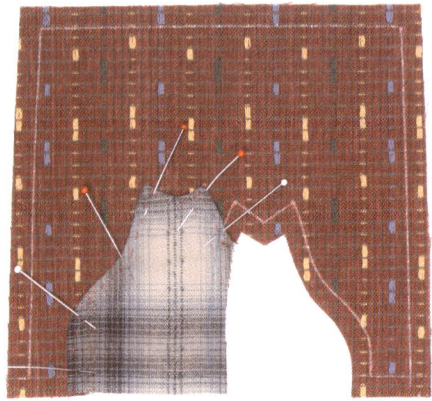

① 큰 냥이를 먼저 아플리케한다. 아랫면과 두번째 냥이가 아플리케 될 부분을 제외하고 꿰맨다.

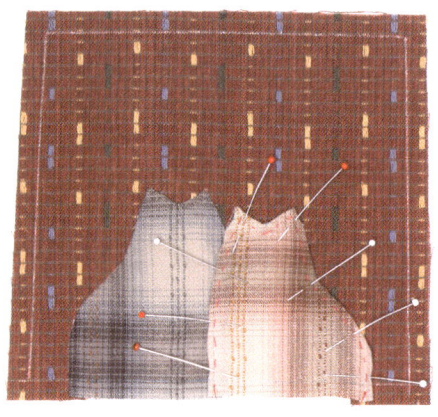

② 두번째 냥이는 아랫면을 제외한 나머지를 꿰맨다.

③ 아플리케를 마친 뒷모습.

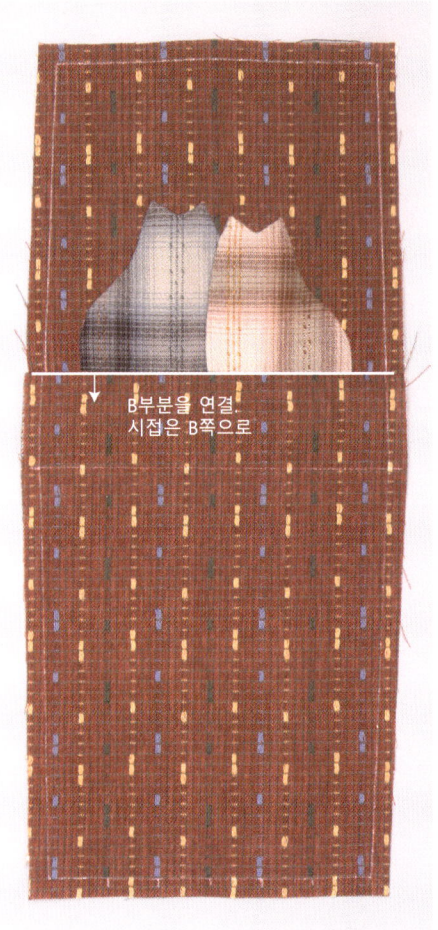

④ B부분을 연결한다. 시접은 B쪽으로 넘긴다. 본체 탑 완성.

⑤ 퀼팅솜 위에 본체 탑을 올린다. 위 아래 끝에서 3mm 안쪽을 각각 시침한 후 탑에 맞춰 퀼팅솜을 정리한다. (위 아래만 정리)

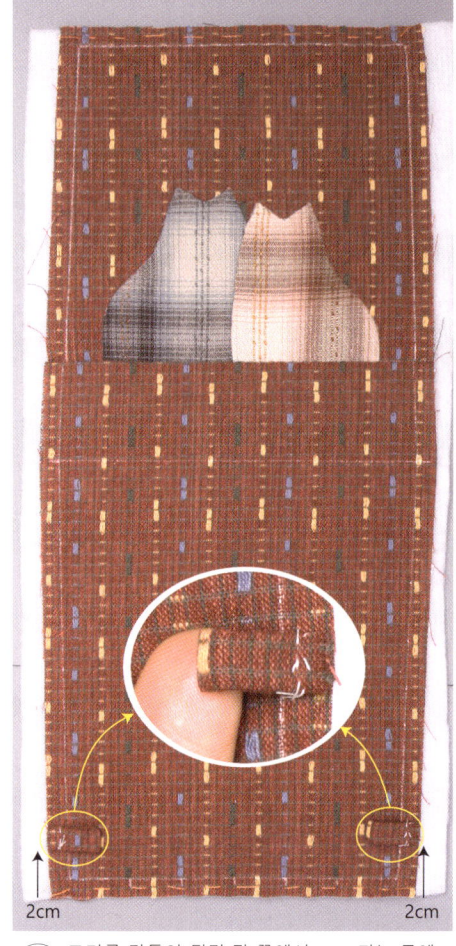

⑥ 고리를 만들어 뒷면 탑 끝에서 2cm 되는 곳에 맞춰 양쪽에 각각 시침한다.

고리 만들기

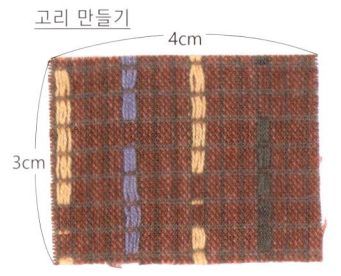

1. 원단 안쪽이 보이게 놓는다.

2. 가운데가 1mm정도 벌어지게 위 아래를 접는다.

3. 반을 접어 끝부분을 공그르기로 연결한다.

4. 길쭉한 것을 반접어 끝을 시침해 놓는다.

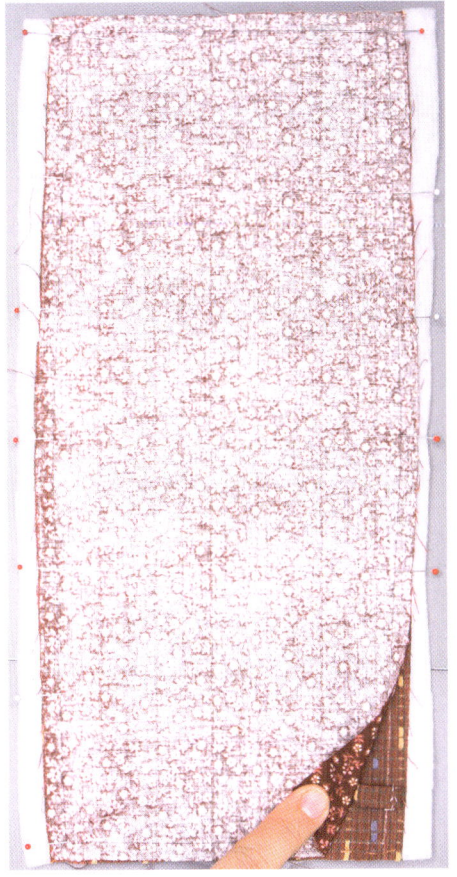

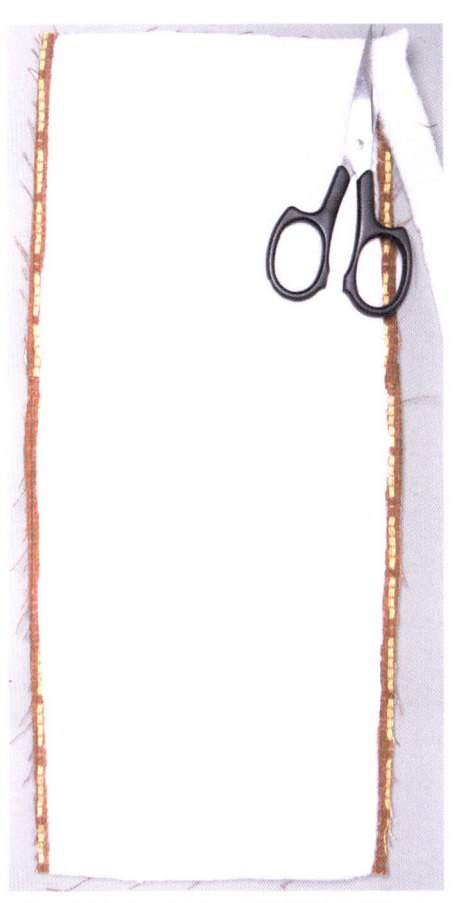

⑦ 그 위에 안감 안이 보이게 포갠다. 밑중심을 맞추고 끝을 맞춘 후 중간도 잘 맞춰 핀을 꽂는다.

⑧ 양 옆을 꿰맨다.

⑨ 퀼팅솜이 보이게 놓고 양옆 퀼팅솜을 꿰맨 곳 가까이 정리한 후 겉으로 뒤집는다.

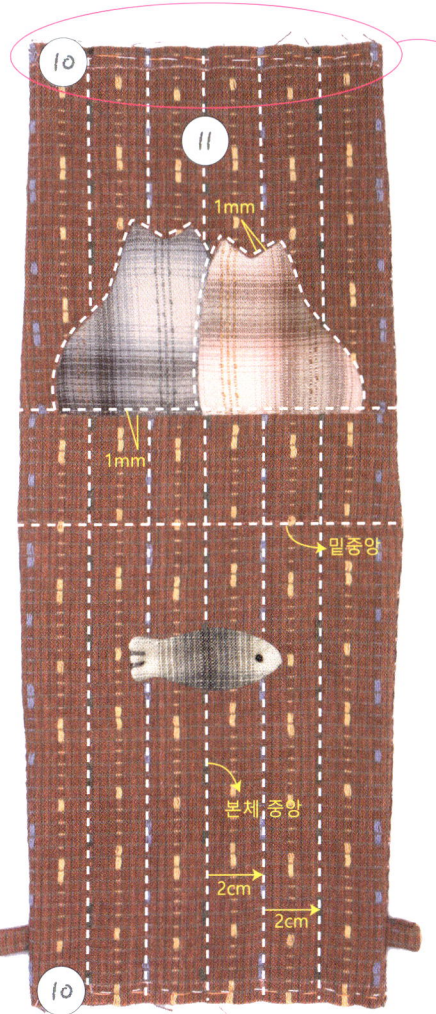

⑩ 뒤집은 후 모양을 잘 정리한다. 입구부분의 탑,퀼팅솜,안감을 잘 맞춰 핀을 꽂은 후 탑 끝에서 3mm 안쪽을 시침해 고정시킨다.

⑪ 퀼팅선을 그리고 시침한 후 퀼팅한다. 퀼팅은 옆그림을 참조.

⑫ 생선은 입체감이 살도록 눈과 꼬리만 꿰매 고정시킨다. 수실은 2겹을 사용한다. 모두 안감까지 뜨게 꿰맨다.

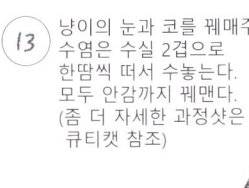

비즈를 꿰매거나 수실 2겹으로 매듭수를 놓는다.

⑬ 냥이의 눈과 코를 꿰매주고 수염은 수실 2겹으로 한땀씩 떠서 수놓는다. 모두 안감까지 꿰맨다. (좀 더 자세한 과정샷은 큐티캣 참조)

14 겉면끼리 마주 닿게 반을 접는다. (밑중앙이 접히는 부분)

15 양옆에 각각 핀을 꽂는다. 끝부분을 잘 맞추고 고리는 안으로 밀어넣고 핀을 꽂는다.

16 마주 닿아 있는 겉과 겉을 공그르기한다. 시작부분은 튼튼하게 두세번 바느질.

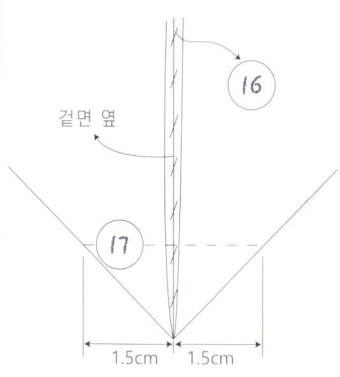

17 밑폭(좌우 1.5cm씩)을 반박음질로 꿰맨다.

18 튀어나온 곳은 옆면 쪽으로 꺾어 공그르기로 붙인다.

19 겉으로 뒤집은 후 입구부분을 바인딩하면 본체 완성.

바인딩 하는 방법

바인딩 천의 안쪽에 0.7cm 선을 그린다.

0.7cm 접고 핀을 꽂은 후 2cm 남겨 두고 꿰매기 시작한다.

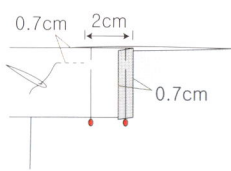

끝에서도 2cm 남겨둔 곳까지만 꿰매고 시작 부분과 맞춰 접은 후 0.7cm 남기고 여유분은 자른다.

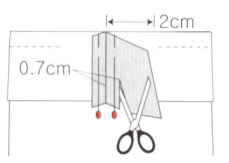

처음 접은 부분과 끝에서 접은 부분을 들춰서 연결한다.

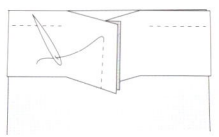

시접을 가름솔로 넘긴 후 꿰매지 않은 나머지를 꿰맨다.

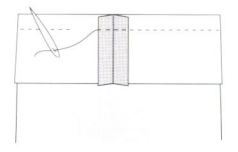

뒤집어 안쪽에서 0.7cm씩 접어 넣어가며 공그르기 한다.

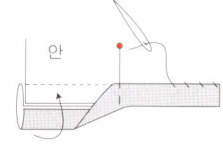

뚜껑 만들기

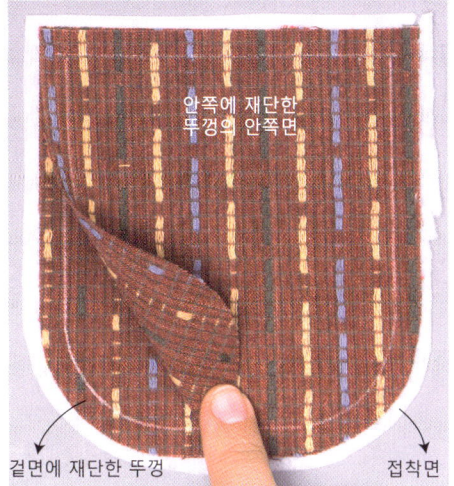

① 솜의 접착면 위에 겉면에 재단한 뚜껑을 올려 놓고 그 위에 안쪽에 재단한 뚜껑을 겉끼리 마주보게 포갠다.

② 창구멍으로 4cm 정도 남기고 꿰맨 후 퀼팅솜이 보이게 놓고 꿰맨곳 가까이 퀼팅솜을 정리한다.

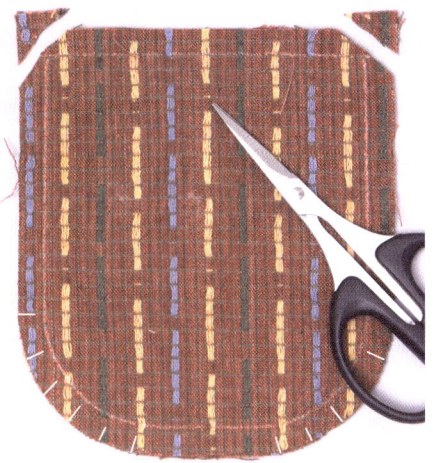

③ 코너와 곡선 부분에 가윗집을 준다.

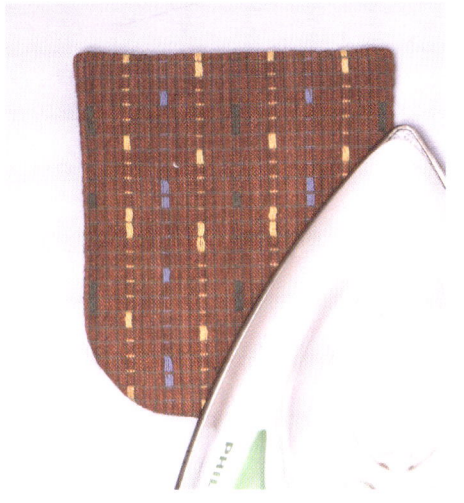

④ 겉으로 뒤집어 모양을 정리한 후 다림질한다.
(일반솜을 사용했을 경우엔 다림질하면 안됨)

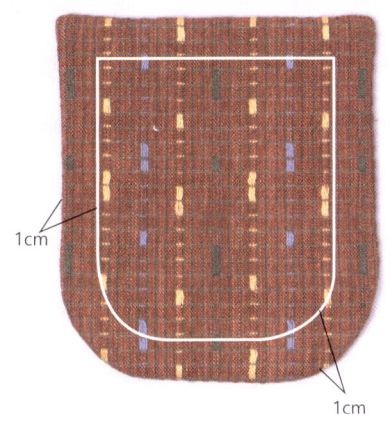

⑤ 창구멍은 공그르기하고 가장자리에서 1cm 안쪽으로 퀼팅선을 그린다.

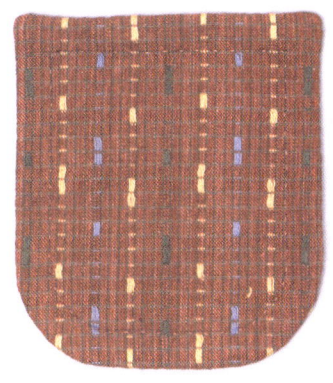

⑥ 그려 놓은 선을 퀼팅한다.

뚜껑 달기

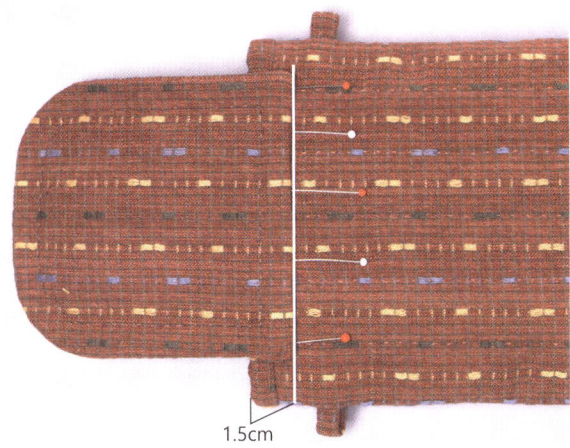

① 바인딩에서 1.5cm 띄운선을 그리고 그 선에 뚜껑 끝을 맞춰 핀을 꽂은 후 뚜껑의 안감 끝부분을 공그르기하여 붙인다.

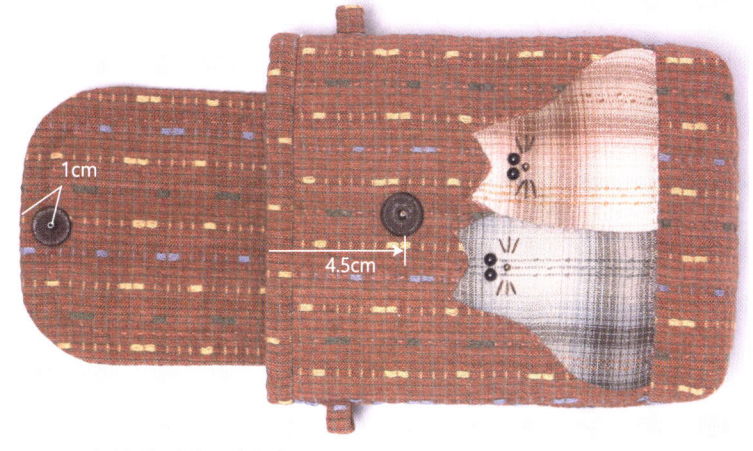

② 스냅단추를 꿰매주면 완성.

Memo

기출문제 한 권으로 합격까지!
모든 것을 담았다 조기 합격의 지름길!

이 책의 특징을 주목해라!

- 핵심이론 요약
  정리로, 이론 문제
  대비까지 **한 번에**
  해결!
  출제유형 모든 문제

- 단기 합격을 위한
  중요한 기출 문제
  이 문제만 풀어도
  필기 합격 기능!

- CBT 시험이 자신있다!
  시험 전 점검차원
  온라인 모의고사
  출제유형 모든 문제

모든 것을 담아 변기까지

기출문제로 공부하여
합격을 약속한다!

기능사 / 기사·산업기사 / 기능장 / 기술사

단기합격을 위한 완전 학습서

Win-Q 윙크시리즈
WIN QUALIFICATION

Win-Q
승강기기능사
필기+실기

Win-Q
전기기능사
필기

Win-Q
피복아크용접기능사
필기

Win-Q
컴퓨터응용선반·밀링기능사
필기

Win-Q
설비보전기능사
필기+실기

Win-Q
자동화설비기능사
필기

Win-Q
전산응용기계제도기능사
필기

Win-Q
화학분석기능사
필기+실기

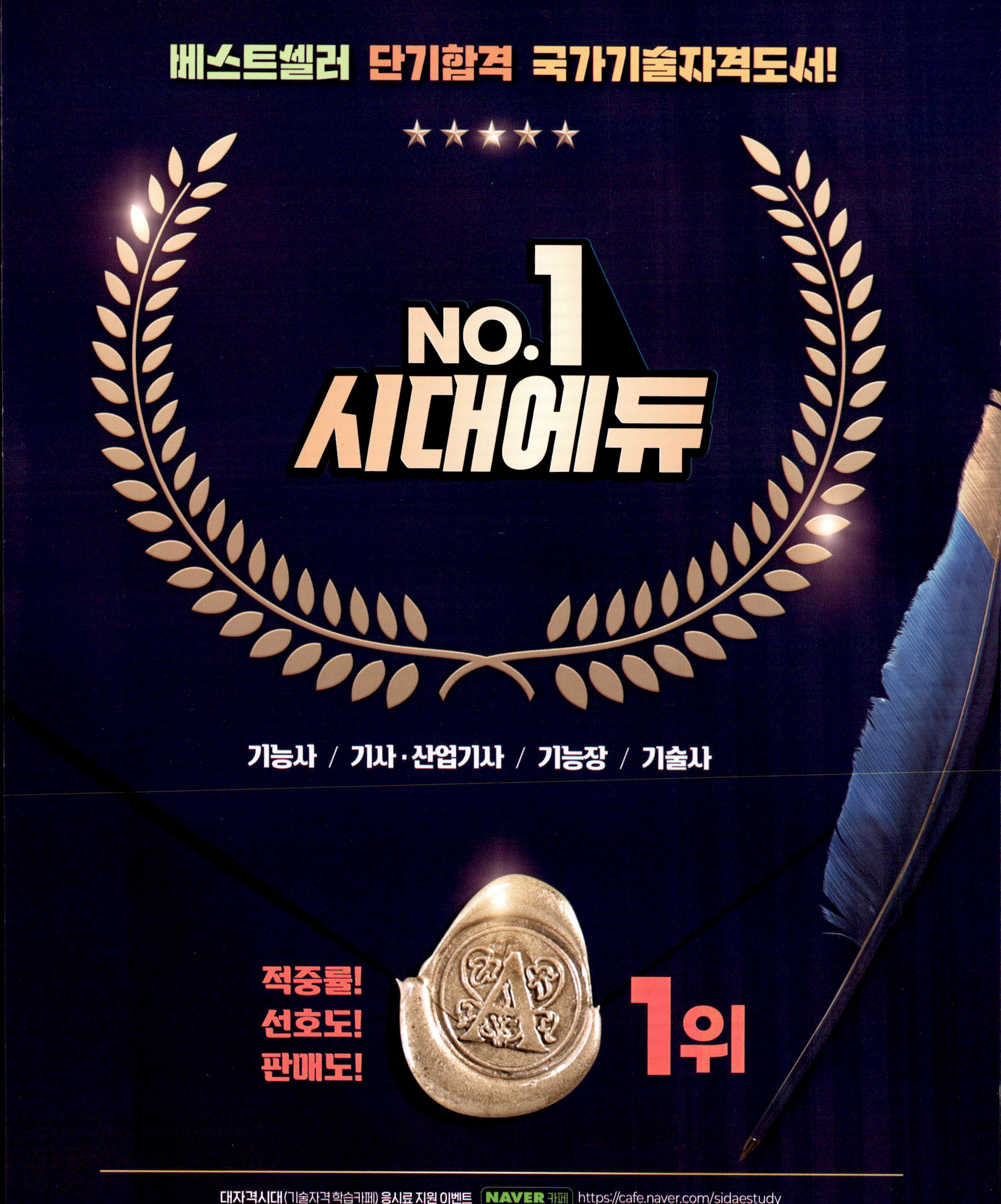